えっ!! こんなメッセージとUFOみたことなああい

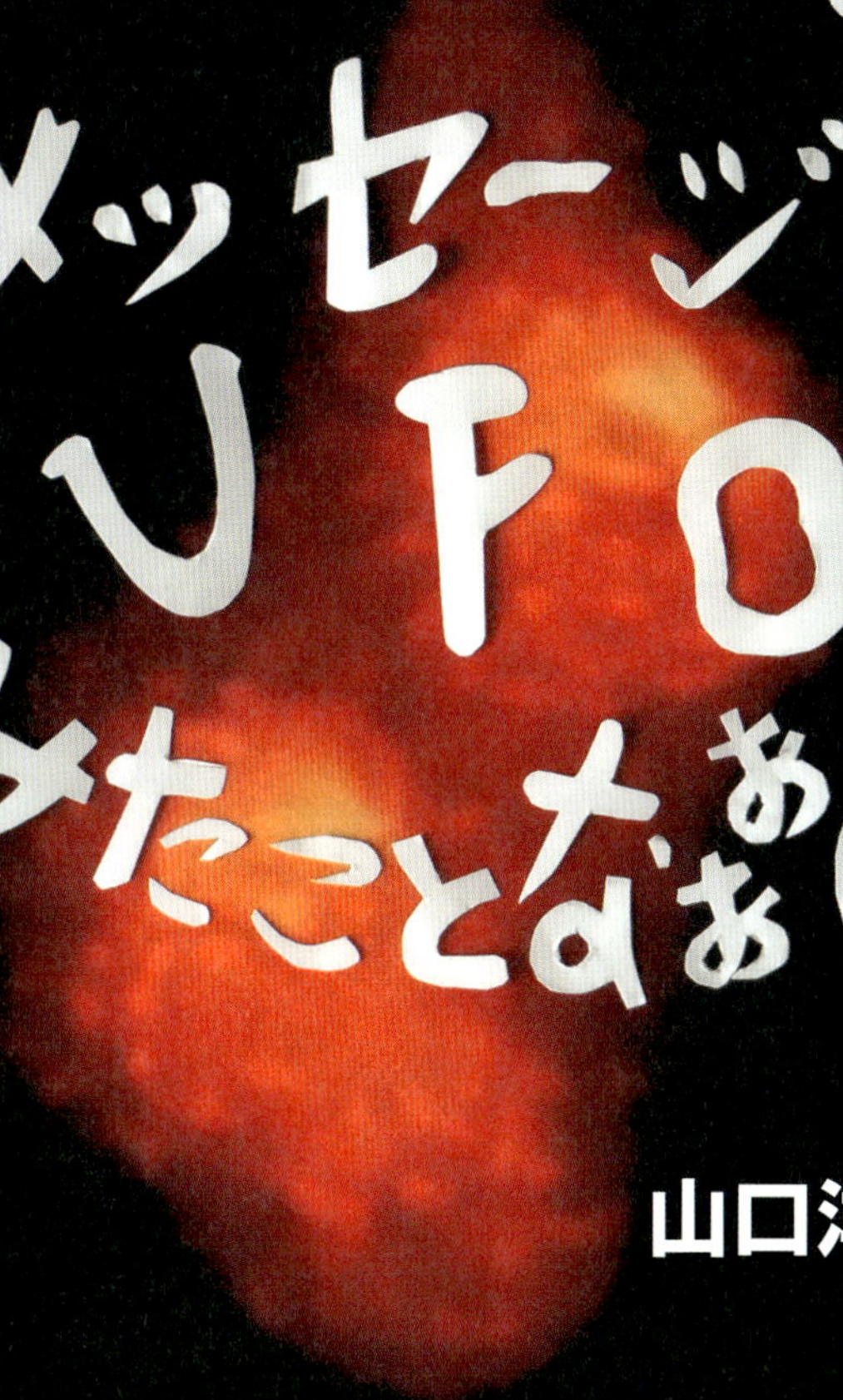

山口洋子

たま出版

はじめに

この本は、折に触れて降りてくる神からのメッセージと、偶然撮れた数々の不思議な写真をコラボレーション的につづったものです。

そもそものはじまりは、宮下芙美夫さんのＣＤを聴いているときに、突然メッセージを受けるようになったことです。その体験がなければ、今の自分はいなかったでしょう。

本書で紹介するメッセージは、膨大なメッセージのごく一部ですが、それらのメッセージからは、神の温もり、心の広さ、我々への心遣いが感じられることと思います。

神は常に、「人間よ、目覚めなさい！　早く目覚めなさい！」と伝えています。神のメッセージには、強い危機感と私たちを救いたいという思いが込められているのです。

神からは、「一人でも多くの人にメッセージを伝えなさい」と言われています。その言葉の後押しもあって、このたび、出版にこぎつけることになりました。
神は、「このメッセージを読んだ人には印をつける」とも言われていますので、この本をお読みになったあなたには、きっとその印が届いていることと思います。

以前からUFOに関するメッセージは来ていましたが、UFOとの出会いは、沖縄上空で撮った一枚の写真からでした。
写真の向こうに写っていた小さなUFO群団に気付かなければ、その後、UFO写真を撮ることも、そして今回、出版することもなかったでしょう。すべてが神の計画通りに動いている……そんな気がします。

次にご紹介するのは、災害に関するメッセージについて、私たちが発表を躊躇《ちゅうちょ》していたときに送られてきたメッセージです。

※　※

「勇気を出して進んでいくがいい。メッセージの内容はあなたの考えではない。いつも我々が伝えているのではないか。信憑性が欠けていると思っているのか。メッセージは伝えても、あなたの信頼を保つために実際に起こることはある意味いいのかもしれないが、我々はそれをできるだけ起こらないように努力している。だから、その通りにならなくても、我々の結果だと思って欲しい」

――平成24年2月29日

※　※

私は、このメッセージを受け取るに至って、ようやく自信をもって人に伝えることができるようになったのです。それまでは、これらのメッセージは自分の思い込み、先入観なのではないかと悩んでいました。しかし、このメッセージを受けてからは、これこそが自分の使命であり、役目の一つだと信じられるようになりました。

久しぶりにメッセージを読み返すと、改めて自分の心に感動や勇気が湧いてきます。ときには、吹き出して笑ってしまうこともあります。神から頼まれごとを受けていたことをすっかり忘れていた自分に気づくこともあり、生きかた、意識の持ちかたを改めたりもします。

現代は、自然災害など、多くの危機に瀕しています。

そして、今後起こるであろう災害については、「狼狽《うろた》えることなく、受け止めなさい」と伝えられています。どうか、狼狽えずに「この災害はあのメッセージのことなんだな」と受けとめられるようになっていてください。

最後に、本書を読んで心に留まったメッセージがありましたら、どうか身近な人に伝えてください。このメッセージを、ひとりでも多くの人に知らせてもらいたいのです。たくさんの人に読んでいただき、心をきれいにする助けにしてほしいと思っています。そして、それこそが災害を少なくする鍵だと確信しています。

●平成23年に沖縄からの帰りの飛行機より撮影したはじめてのＵＦＯ写真。
ＵＦＯ群団の一部。

◎目次

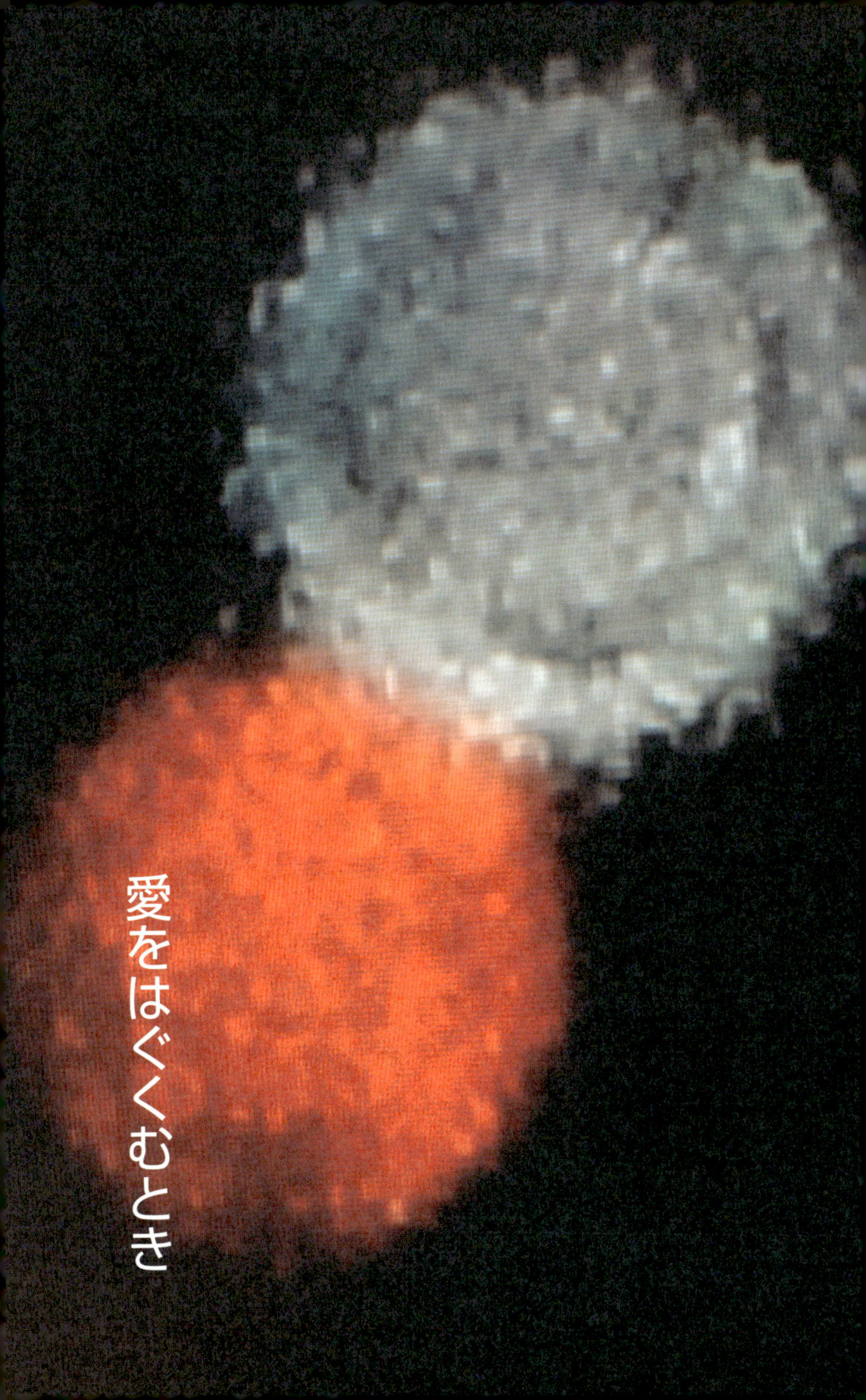

愛をはぐくむとき

平成19年3月7日　雲の写真より

高価なものより大切なもの。どんな飾り言葉もどんなほめ言葉もかなわない。それは、神が魂を吹き込むときに必ず植えつけられた愛の種である。

平成19年10月7日　河口湖にて

ゴッドファーザーの手、それは輝く光である。そのなかには愛がこもっていなくてはならない。触れあう手に優しさがなくてはならない。その光はどんな負でも光で溶かし、愛に吸収できるものである。

平成19年12月3日

疑問をはさむ余地もないが、幸福ならば、なにをもって幸福としているのか？　幸福度の価値観はいっぱいあるぞ。神の愛を知れば、崩れることのない価値観になるぞ。

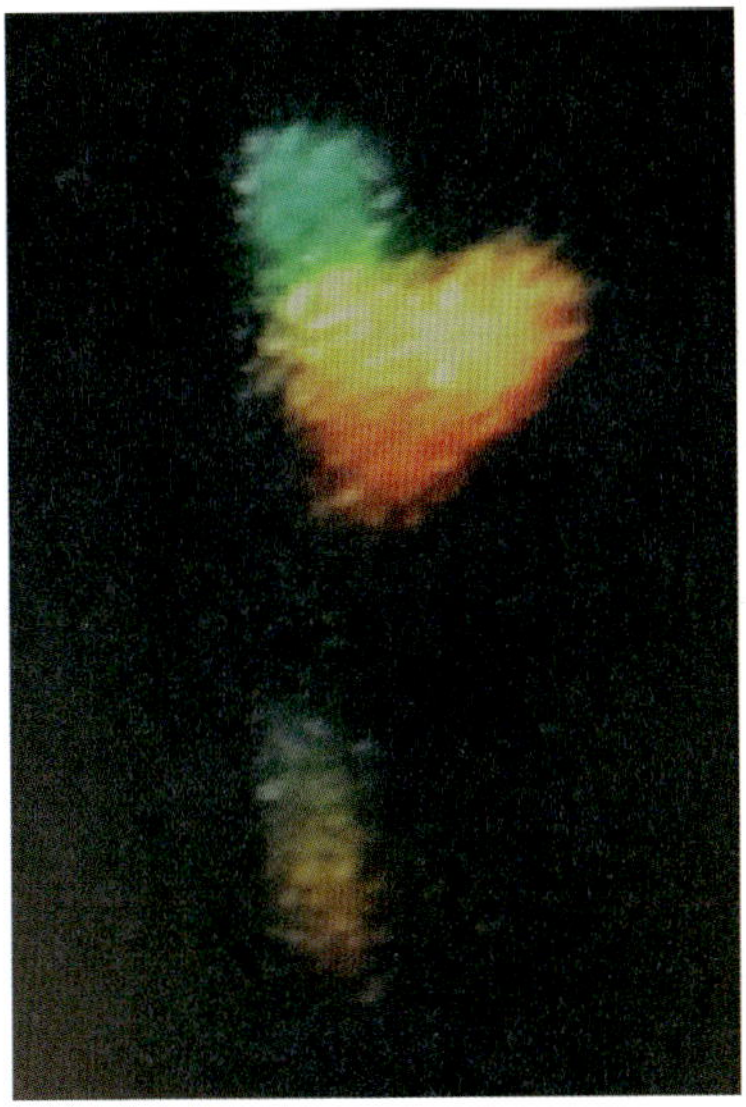

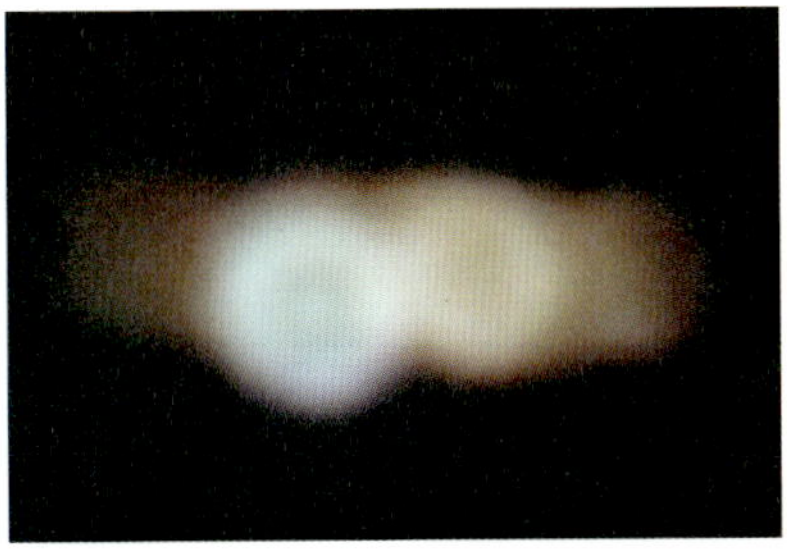

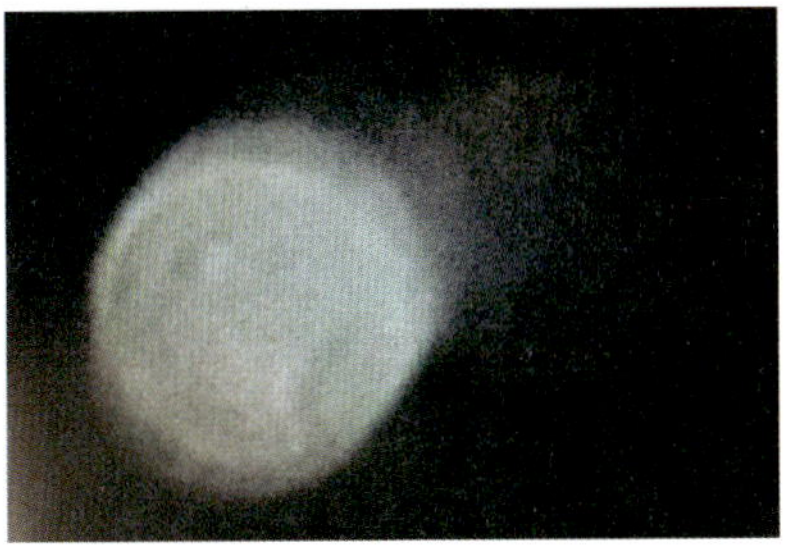

そそがれた愛情に感謝する気持ちを忘れるな。その感謝がいろんな形で戻ってくる。

平成20年2月7日

こぼれんばかりの笑顔をしておるな。笑顔がいっぱい伝染していくといいなぁ。人間ばかりだけではなく神々も笑顔になるぞ。

平成20年2月8日　雲の写真より

兄弟喧嘩をすることは悪いことかな?　喧嘩にもいろいろあるぞ。愛が根底にある喧嘩は喧嘩にならぬぞ。

平成20年3月18日　筑波神社にて

言葉の端々に愛を感じる。受けた相手はその分だけ

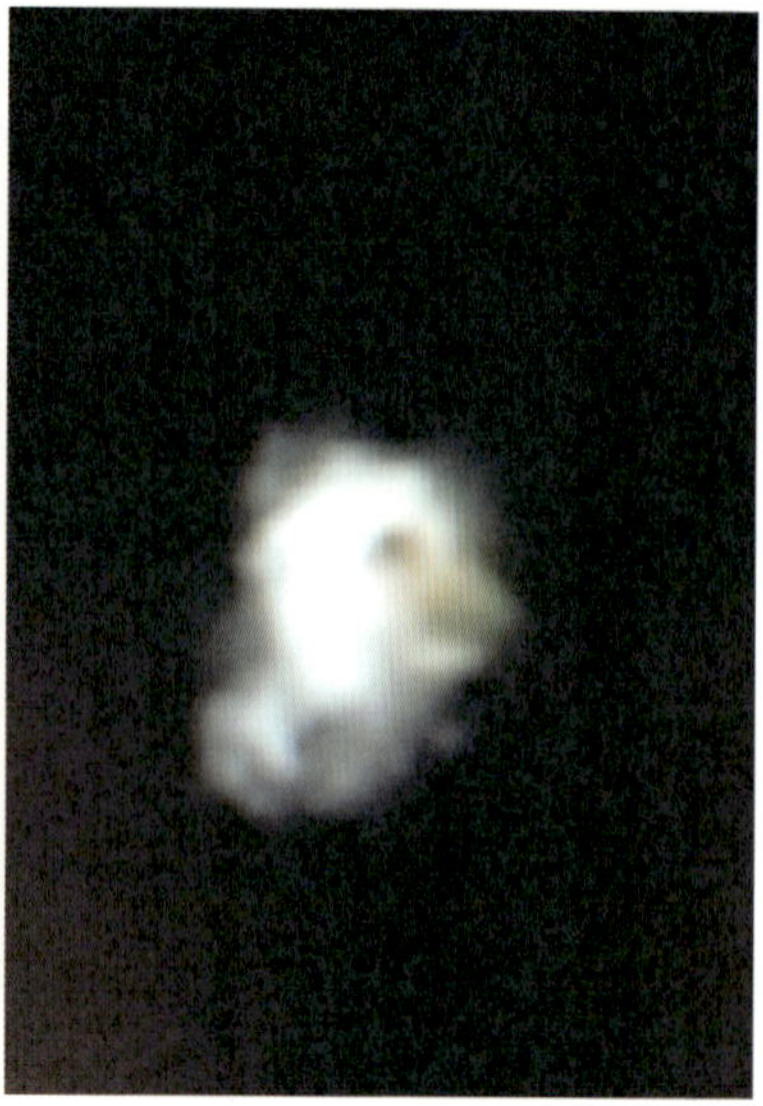 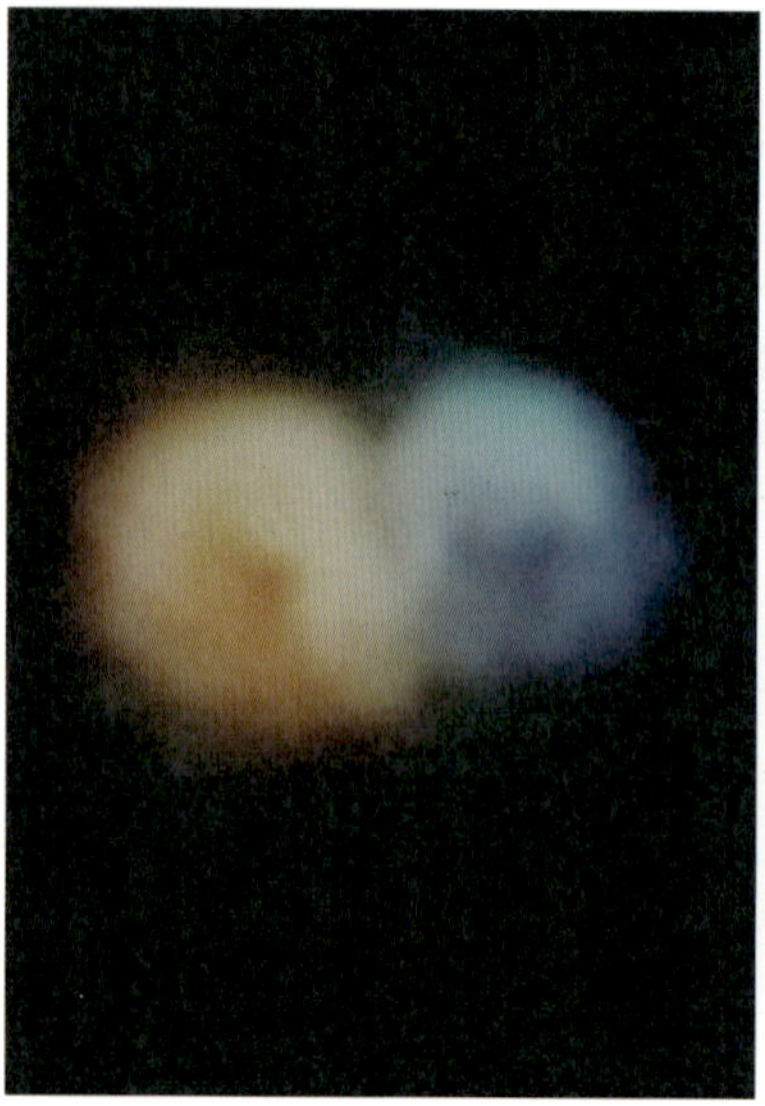

の愛が育ってゆく。それが本来の姿だ。

平成20年5月26日

（エネルギーとは、）宇宙空間の輝きを凝縮したものである。輝きとは神の愛である。光はどこまでも届くし、どんな狭いところでも入っていくことができる。エネルギーの凝縮は神の愛の発信地となる。光を甘く見てはいけない。光はときによれば不必要なものを焼き尽くすこともある。しかし、光は物を育てる。そして光は人間の愛の心を育てる。

平成20年5月29日

カラフルな色の雪が降る。心のきれいな者たちが吐く息である。多ければ多いほど、大地は喜んで吸っていく。大地は汚染され病気になっているから。カラフルな色は大地のカンフル剤となる。

平成20年6月9日
ふむ、ふむ、ふむ、ふむ、光に包まれた感触を味わいなさい。それは魂のエネルギーであり、愛の許容量が増える。

平成20年6月11日
ソングライターは心を声に乗せて放つ。愛は声だけではないぞ。差し出すその手にもある。目から放たれる、まなざしのなかにもある。

平成20年7月3日
言葉の限りを尽くしても、言いあらわすことのできない神の愛。無限の愛って知っていますか？　無限大のように、途切れることはありません。そのなかのどこの部分をつかみ取って、やすらぎを感じていますか。

平成20年7月31日

壊れ物を大事に抱えておるな。大切な物はかけら一つでも宝石のようだ。かけら一つでも花は開くであろう。

平成20年8月3日

視界のなかに溢れ出る神の愛の表現がある。あなたたちでさえ、まだ、見つけ得ぬ物である。その光をただ受けているだけでも違う。

平成20年8月18日　水上　大峰神社にて

降りそそぐ雨に木々は喜ぶ。人間の上にも神の愛が降りそそがれている。早くそれを感じ取れるようになれよ！

平成20年8月18日　水上　菅原神社にて

言葉の限り愛してると言っても、それは限りあるものだ。しかし、心が伴えば、それは永遠だし、その心は受け継がれていく。

子供のころのお楽しみはなんだったかな？　お菓子をもらうことか、旅行に行くことか？　それもいいだろう。一番の心に残ることは、両親に愛されることだ。

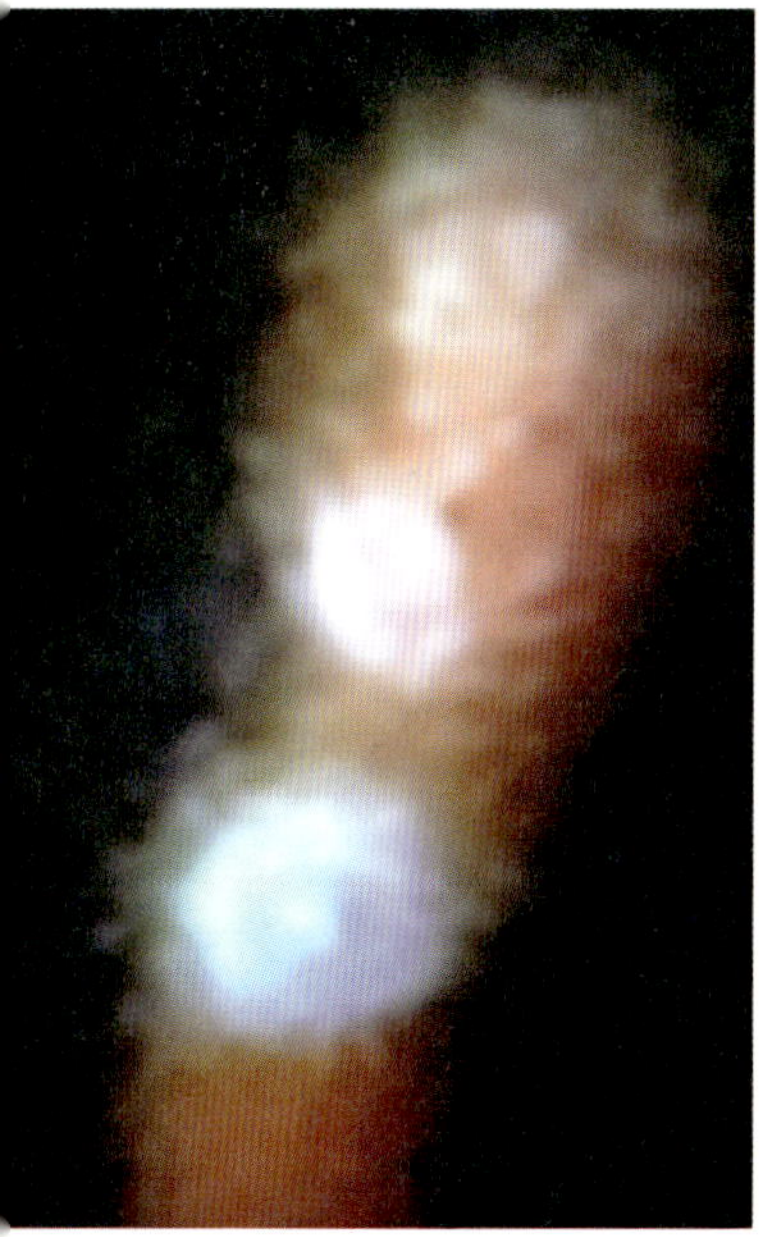

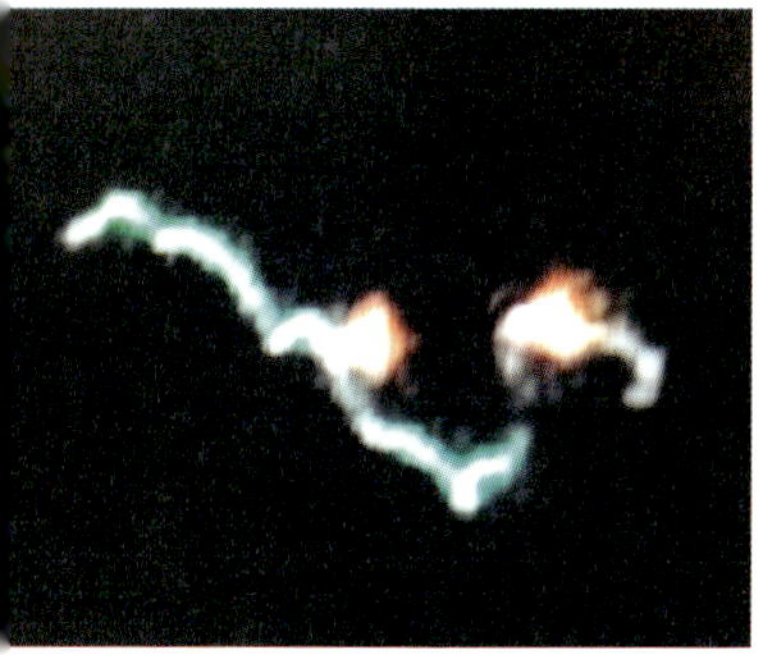

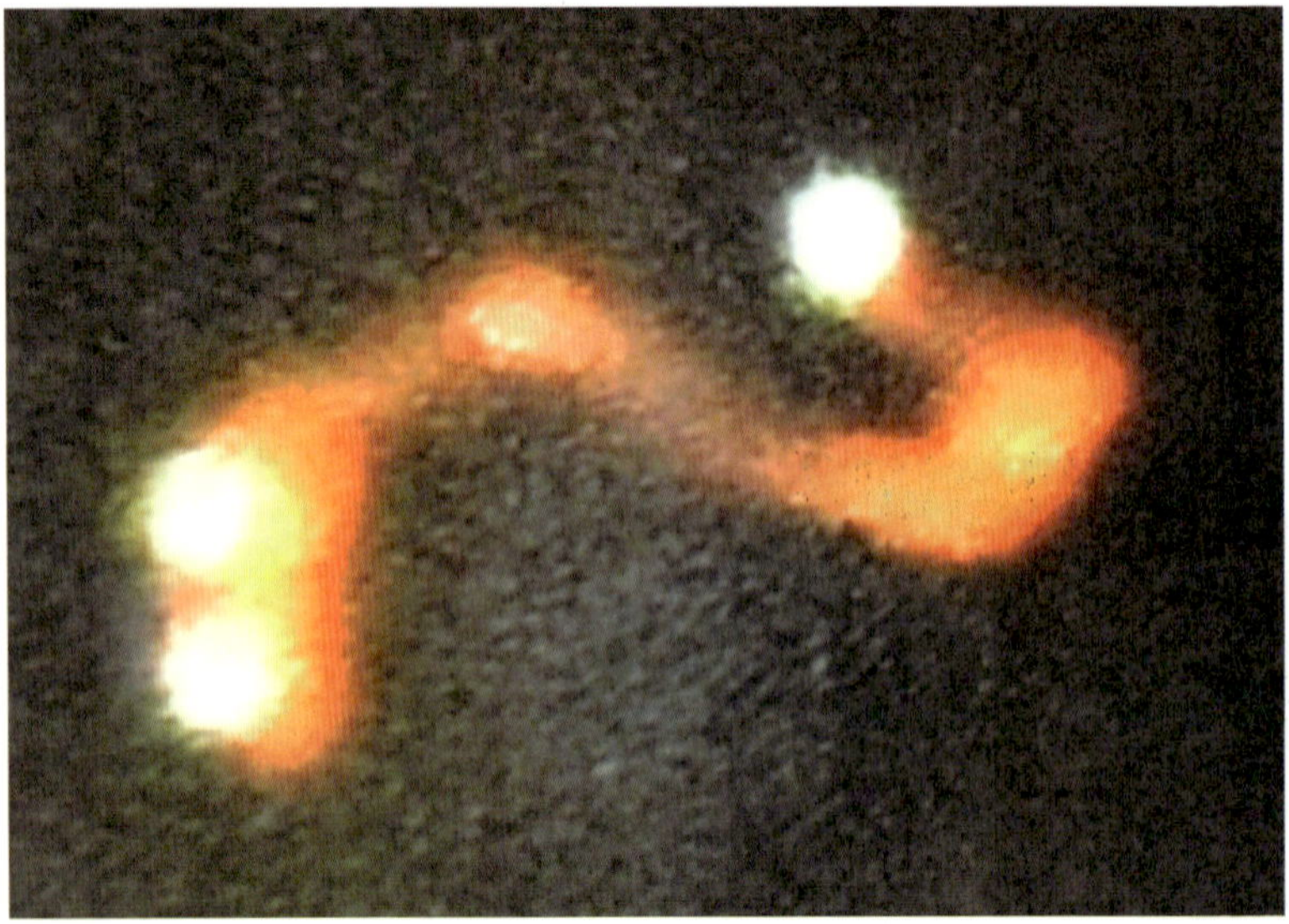

平成20年8月31日　戸隠　中社にて

大空の元で大の字になって寝てみなさい。宇宙と一つになれる瞬間だ。宇宙神と一つになれる瞬間でもある。

平成20年9月23日　熊本　阿蘇神社にて

こよなく愛する人物がいる。そのおかげで私は悲しみを感じない。愛は人を立ち直らせ、愛は人を笑顔にさせる。愛は人を向上させ、愛はなによりも魂を高める。

平成20年9月24日　宮崎　まほろばの里にて

もしものときの合言葉は「愛」である。「愛」はすべてに通じるからである。

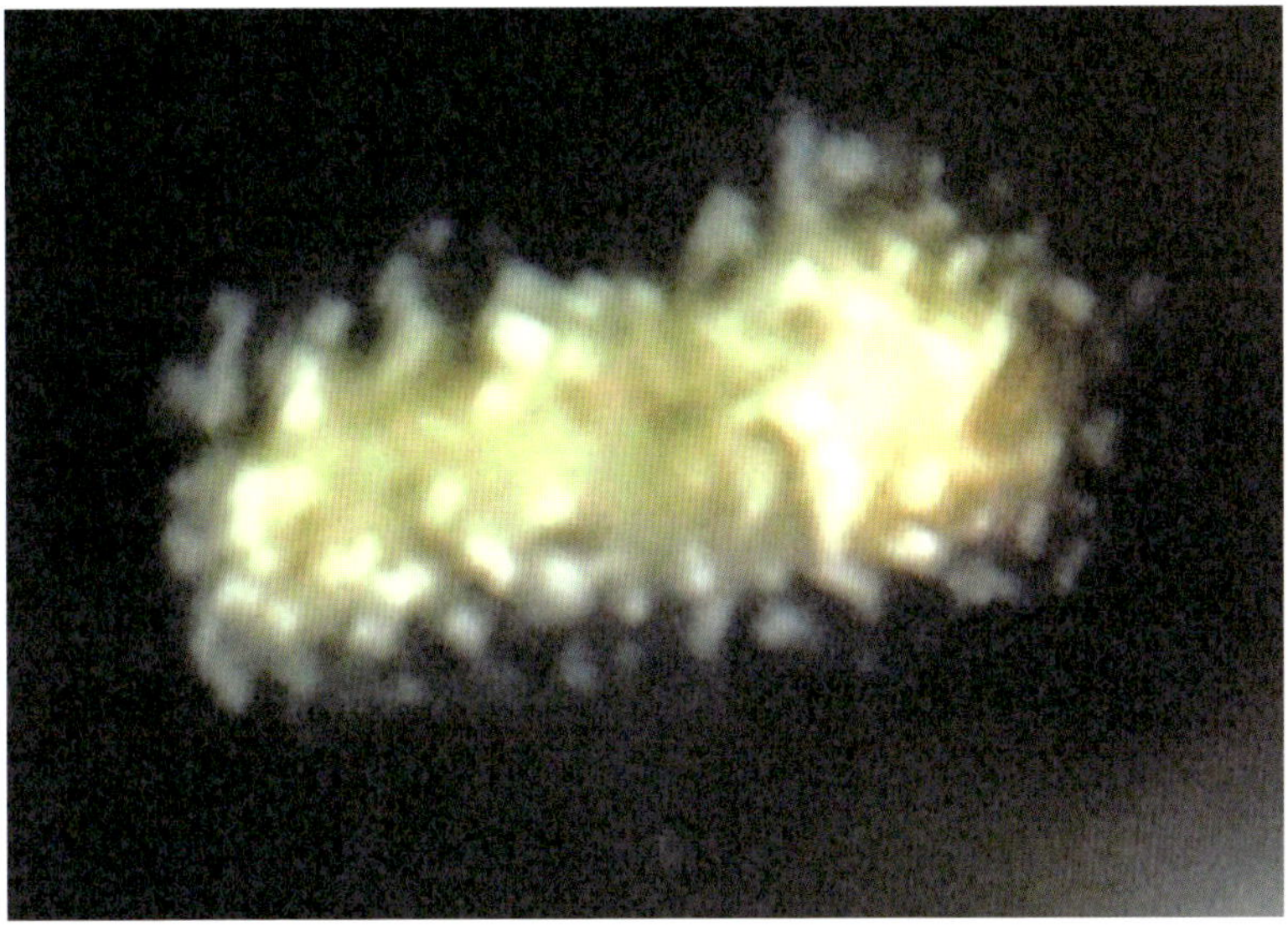

平成21年1月18日
感謝の気持ちを心で感じてみなさい。なんとなく唇がほころび、あったかいものが体に流れるだろう。
約束を守るということは大切だが、守らない人がいても許す気持ちを持ちなさい。

平成21年1月19日　北杜　明野にて
凍えそうな手のなかに小さな虫が生き続けている。そう、あなたたちも寒さから守られている大きな手がある。感謝とともにいたわりあいなさい。

平成21年4月28日
頼みの綱はあふれ出る愛だ！　愛は宇宙の血管にな

る。

平成21年4月28日　あぶくま洞窟にて

休みなく続ける心臓の音は無償の愛を感じさせる。愛とはこんなものである。誰も認めるでもなく、目立つものでもない。神から与えられた唯一の音である。

平成21年4月

最上級の生活が欲しいか？　心が満たされない生活は最上級ではないぞ。私を懐に抱いてみよ。あったかくて、いいしれぬ幸福に包まれて、人間の最上級を越えてしまうぞ。

平成21年5月3日

ところ構わず人間が吐き出した不満が落ちている。不満は固まり、やがて石となる。地球を石ころだらけにするんじゃない。あふれた愛がこぼれても固まらない。フサフサ絨毯《じゅうたん》のようだ。

平成21年5月9日

色々な願望は好きなだけ湧きおこってくる。願望倒れになるな。

平成21年6月14日　京都　清水寺にて

丈夫な布を引っ張って風に乗せた。なになに、なにを書いて欲しいだと！「あなたは私の子だ！」何枚布があっても同じように書くだろう。

雨にもいろいろあるなあ。時雨、小雨、大雨、霧雨など。人間の愛にもいろいろある。親子愛、夫婦愛、兄弟愛、などなど、いろいろな体験が愛を360度にしていく。

郵 便 は が き

恐縮ですが
切手を貼っ
てお出しく
ださい

160-0004

東京都新宿区
四谷4－28－20
(株) たま出版
ご愛読者カード係行

書　名					
お買上 書店名	都道 府県　　市区 郡　　書店				
ふりがな お名前				大正 昭和 平成　年生　歳	
ふりがな ご住所	□□□-□□□□				性別 男・女
お電話 番　号	(ブックサービスの際、必要)	Eメール			

お買い求めの動機
1. 書店店頭で見て　2. 小社の目録を見て　3. 人にすすめられて
4. 新聞広告、雑誌記事、書評を見て(新聞、雑誌名　　　　)

上の質問に1.と答えられた方の直接的な動機
1.タイトルにひかれた　2.著者　3.目次　4.カバーデザイン　5.帯　6.その他

ご講読新聞　　新聞	ご講読雑誌

たま出版の本をお買い求めいただきありがとうございます。この愛読者カードは今後の小社出版の企画およびイベント等の資料として役立たせていただきます。

本書についてのご意見、ご感想をお聞かせ下さい。 ① 内容について ② カバー、タイトル、編集について
今後、出版する上でとりあげてほしいテーマを挙げて下さい。
最近読んでおもしろかった本をお聞かせ下さい。
小社の目録や新刊情報はhttp://www.tamabook.comに出ていますが、コンピュータを使っていないので目録を　希望する　いらない
お客様の研究成果やお考えを出版してみたいというお気持ちはありますか。 ある　ない　内容・テーマ（　　　）
「ある」場合、小社の担当者から出版のご案内が必要ですか。 希望する　希望しない

ご協力ありがとうございました。

〈ブックサービスのご案内〉

小社書籍の直接販売を料金着払いの宅急便サービスにて承っております。ご購入希望がございましたら下の欄に書名と冊数をお書きの上ご返送下さい。

ご注文書名	冊数	ご注文書名	冊数
	冊		冊
	冊		冊

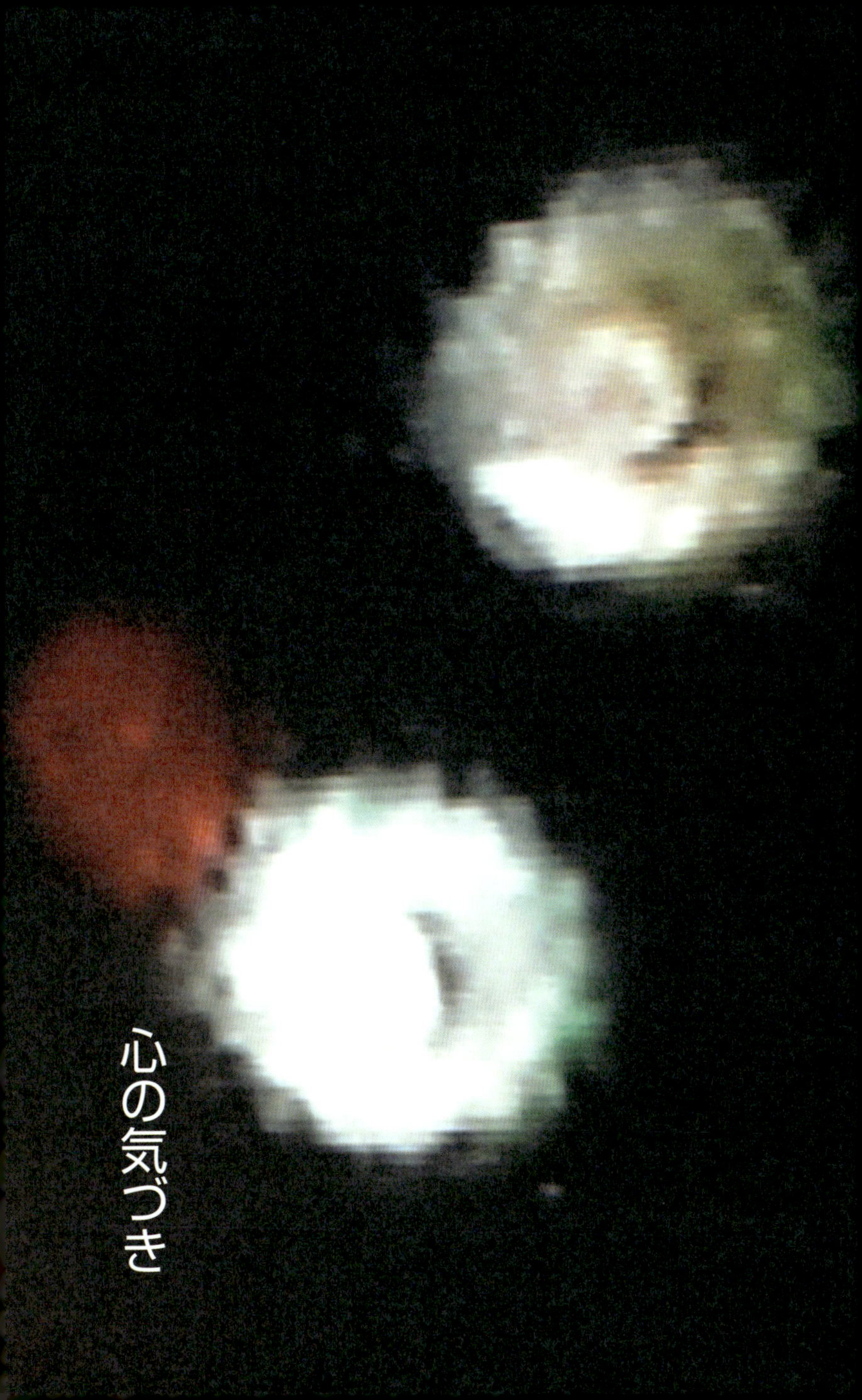

心の気づき

平成18年

ゆっくりした時間を持って。それが綻《ほころ》びを縫う時間じゃ。

摂理、摂理に振り回されるな、見えるものも見えなくなるぞ。心だよ心。

平成19年1月29日　御胎内神社にて

存在の価値はなにかな？　物が「ある」という言葉だけでも「存在価値」はある。しかし、お互いに喜びあうことができれば「存在」の王様になれるであろう。

平成19年3月1日　千葉　猿田彦神社にて

今日、この日を待っていました。これからの日本は大きく変わっていかなければなりません。参拝しなければならないということではありません。それぞれに与えられたカルマをどんどん取り払っていかなければなりません。誰がやるのではなく、自分でやっていくのです。

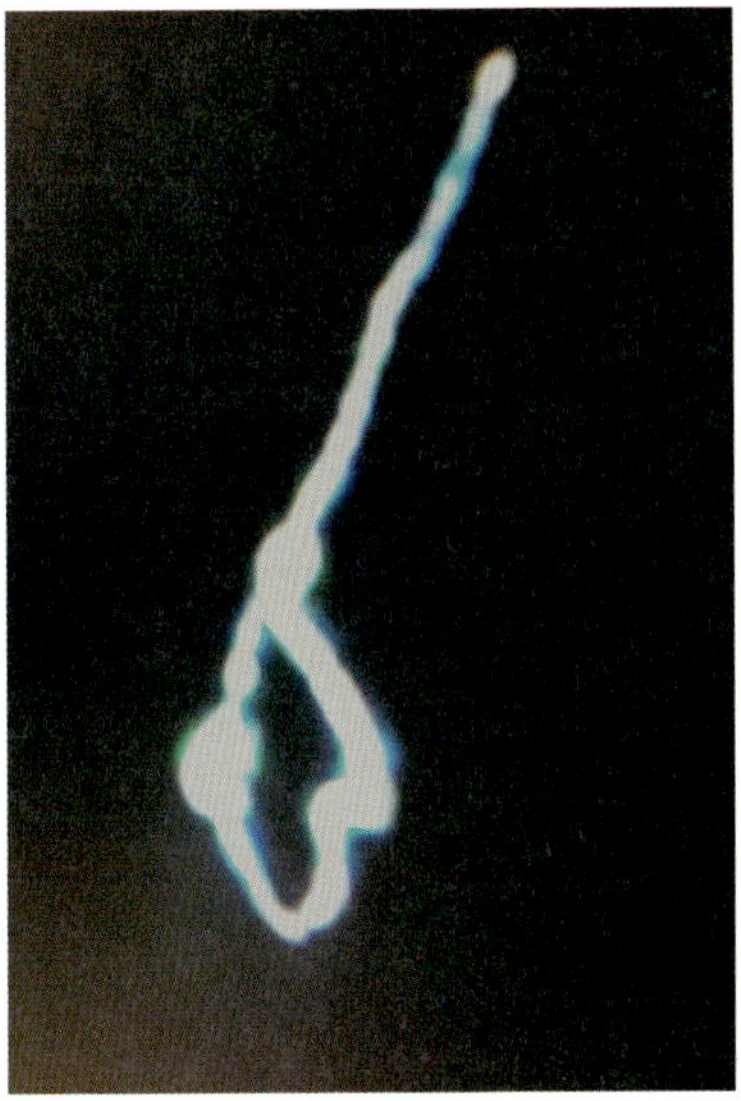

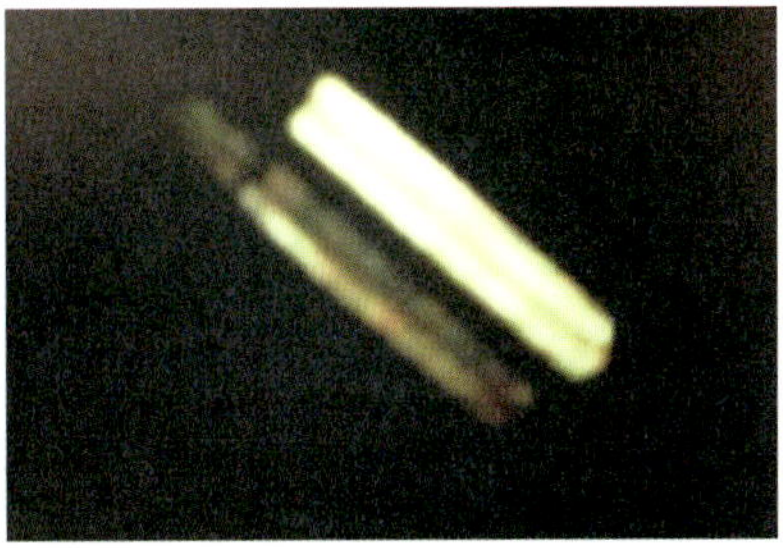

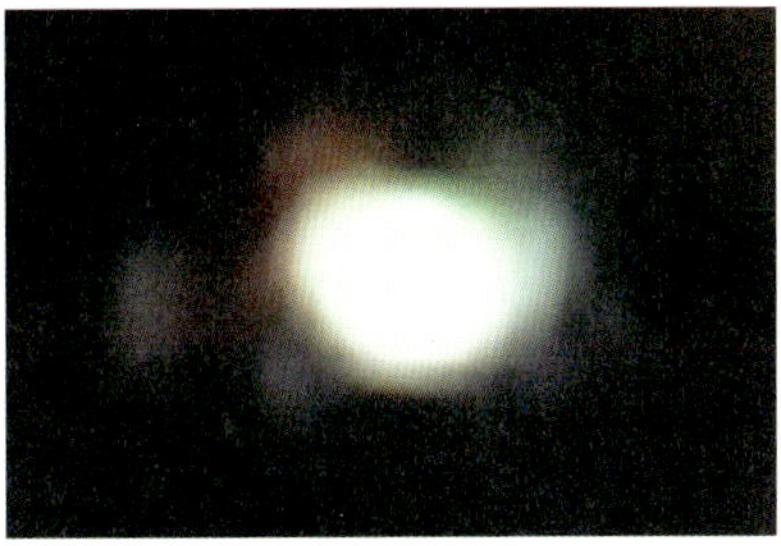

平成19年2月11日

「求めよ、さらば与えられん」、とてつもない大きな許しだ。そこには自由意思がある。自由意志には責任がともなう。たとえ放棄しても、そのことすら責任がある。ということは、どんな生き方をしても責任があるということだ。責任を苦しいと思うか？　嫌だと思うか？　これは全人類に与えられた神からの贈り物だ。

平成19年3月6日　雲の写真より

転がり落ちる人生の終着は無味乾燥なところである。向こうの世界の味わいを体験しているのか。至福のときをもっと持ちたいとは思わないのか。自己中心的になるな。自然の響きにあわせていけ。

平成19年9月26日　伊勢の旅にて

コンビニに売っているような均一なものではできないぞ。一人ひとりの味加減は微妙に違うぞ。おいしくも、まずくも、土台はお前たちがつくるのだぞ。

平成19年10月13日　素戔嗚尊（スサナルの命）より

充分な判断ができないうちに結論を急いではなりません。我々の世界においても同

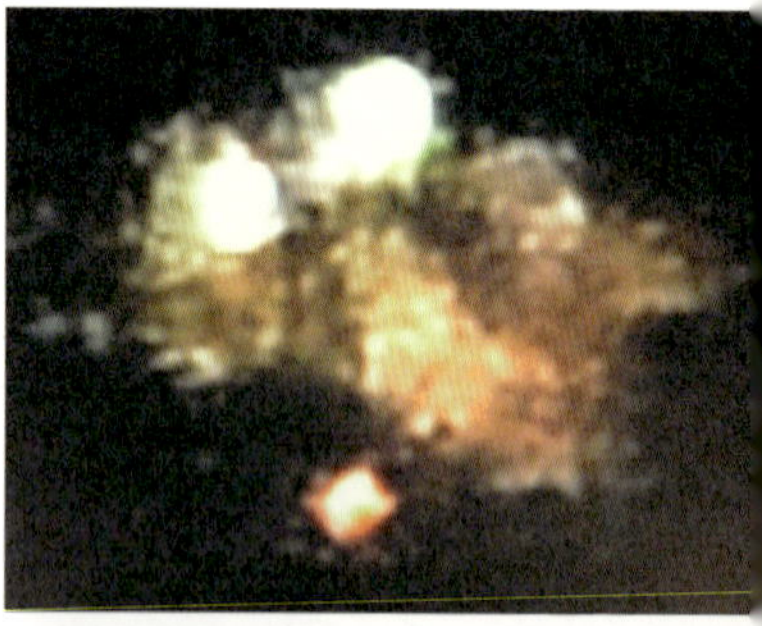

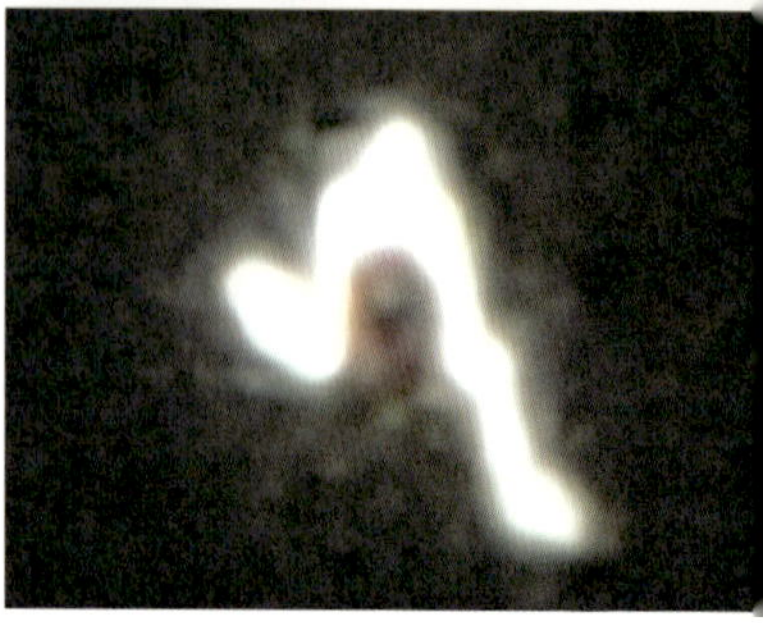

じです。いい結果を導き出すときの心の動きは違うはずです。その結果によって、行く方向が大きく変わります。

平成19年10月13日　宗像神社にて

世界に散らばる神の子らよ。神の波動を受けて動き出せ。呪縛をはずして動き出せ。

平成19年12月3日

呼びかけに応じる者がどれだけいるであろうか。暗闇の世界に光がさしているというのに。少し目を開いて見つけさえすれば、その光のなかに入れるのに。

輝きを失った顔が見える。もうすぐ春だというのに。面目ないという考え方は、できるだけしない方がいい。それは一つの逃げ道になる。

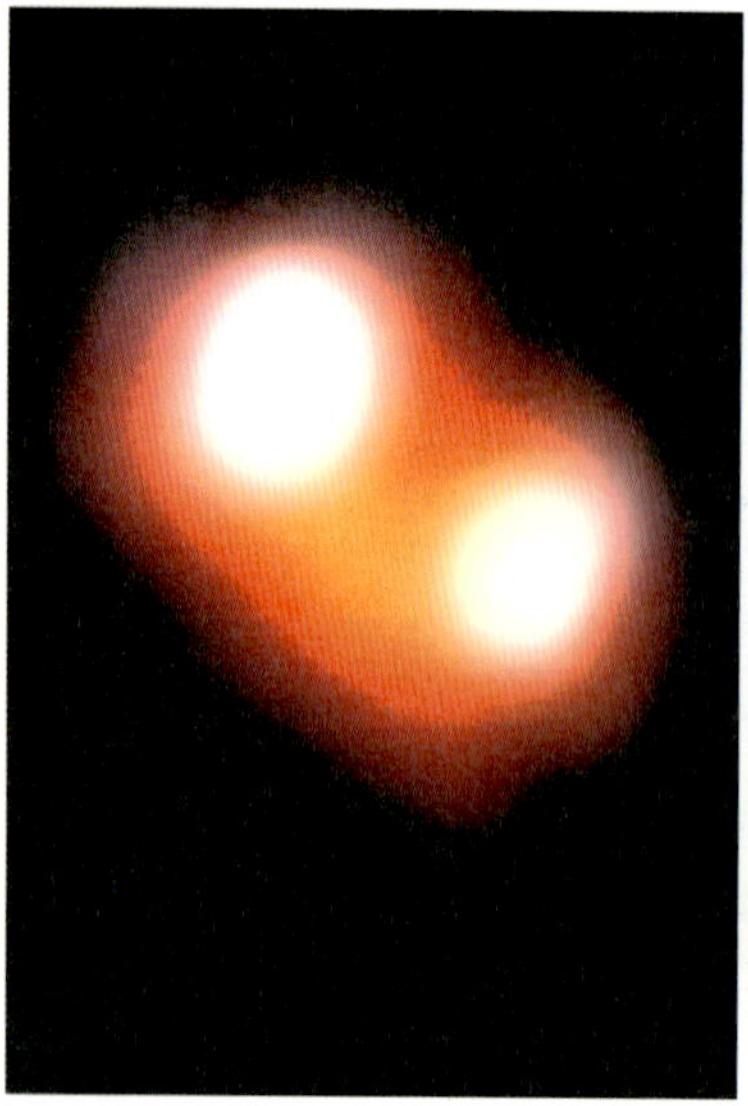

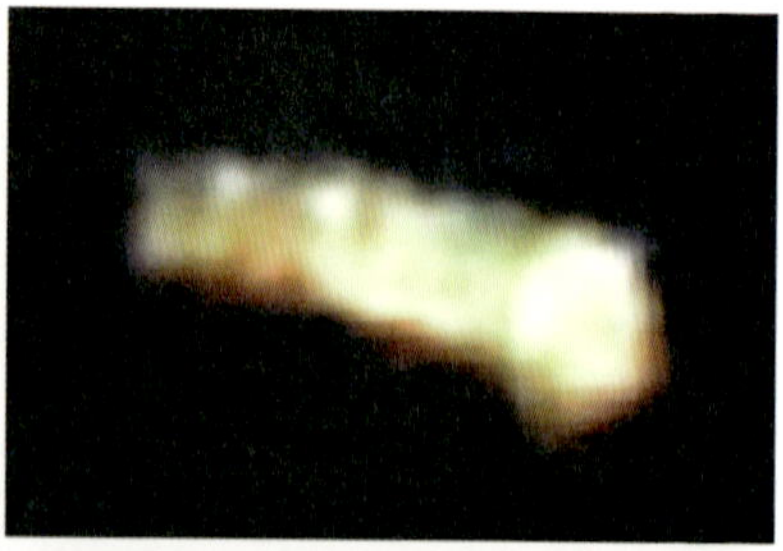

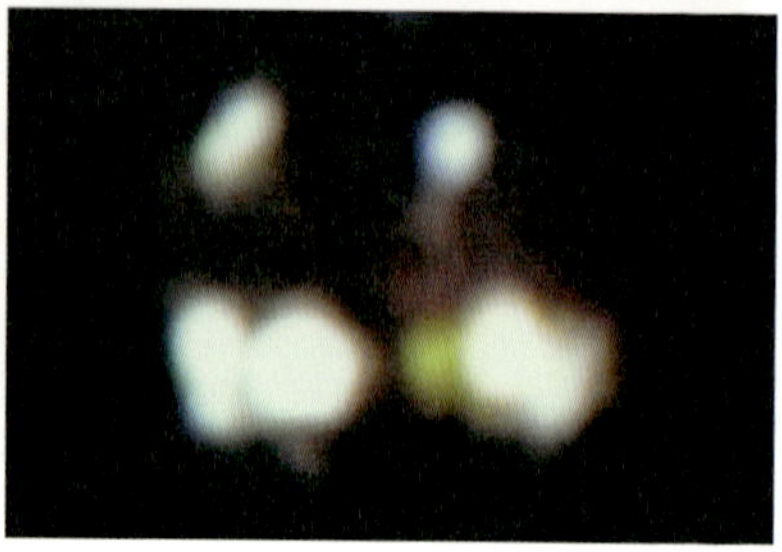

平成20年1月3日　雲の写真より

言葉の限りをつくして表現しよう。世界の王者を集めたとて、このメッセージはわかるまい。論理的にメッセージを出そうとしても無理である。ただ心のつながりにしか糸口はない。

平成20年2月8日

学びのはずが学びではなかった。そんなこともあり得る。にわか仕立ての学びは身につかぬ。長い時間勉強するのがいいとは限らない。学びは体に溶け込んでいくことだ。

平成20年2月18日

傘をさしている人もいる。晴れるといいのに、傘を

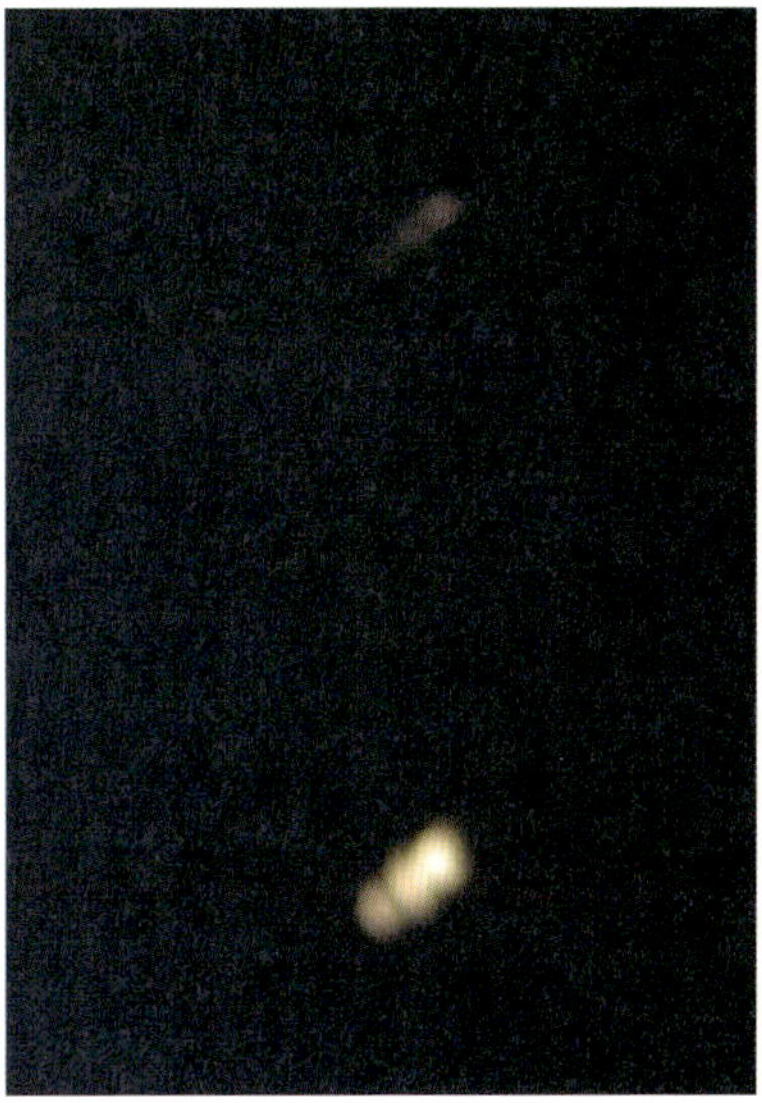

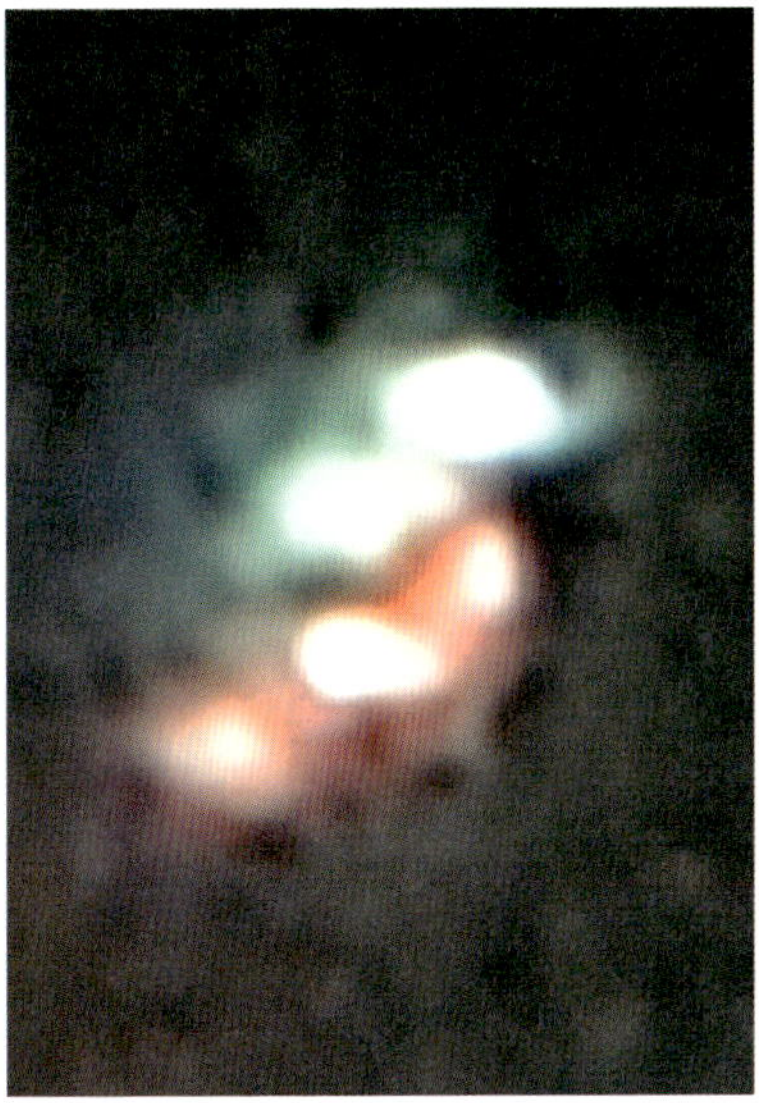

たためば陽があたるのに。あなたの心の傘をたためば愛の陽があたるよ。

平成20年3月1日

勝手が違うと誰もが言うだろう。勝手ってなんのことだ？　ただそれが習慣になっていただけだろう。

平成20年3月11日　白髪神社にて

生涯の人生の歩みを濃いものにするか。それともその反対か？　心一つで濃い人生を送れる出会いもある。

平成20年3月30日　山梨　神代桜にて

この世の花といわれる花たちには、それぞれの言い分がある。人間たちの感情の動きに対して。もっと自然と一つになってほしい。自然とのちぐはぐが、とんでもない現象を起こしている。

平成20年3月31日　山梨　阿夫利神社にて

おかかを銜《くわ》えて猫が飛び出していきおったわい。お前はなにを銜えて飛び出したか？　猫は本当に必要なものを知っておるが、人間は必要でないものを銜えて走りよるときもある。

平成20年5月25日

あらゆるものを遠ざけて山にこもる。自然の声を聞き、心でこたえる。しかし、一体となることは難しいであろう。まだ、生に対する欲があるからである。

平成20年6月29日　焼津神社にて

飛び越えねばならぬ修羅場がある。すべての人類が浄化の道をたどるのである。このときに及んで我先に我先にと思う心を浄化させねばならない。

平成20年7月7日

世界の動きは丸見えでも、あなたの心の動きは見えないのかね。誰も情報をくれないからかね？　情報源はキャッチする耳をフル回転させればいくらでもあるぞ。

平成20年7月27日

究極の選択をしなければならないときがある。心に素直になればなにも難しくはな

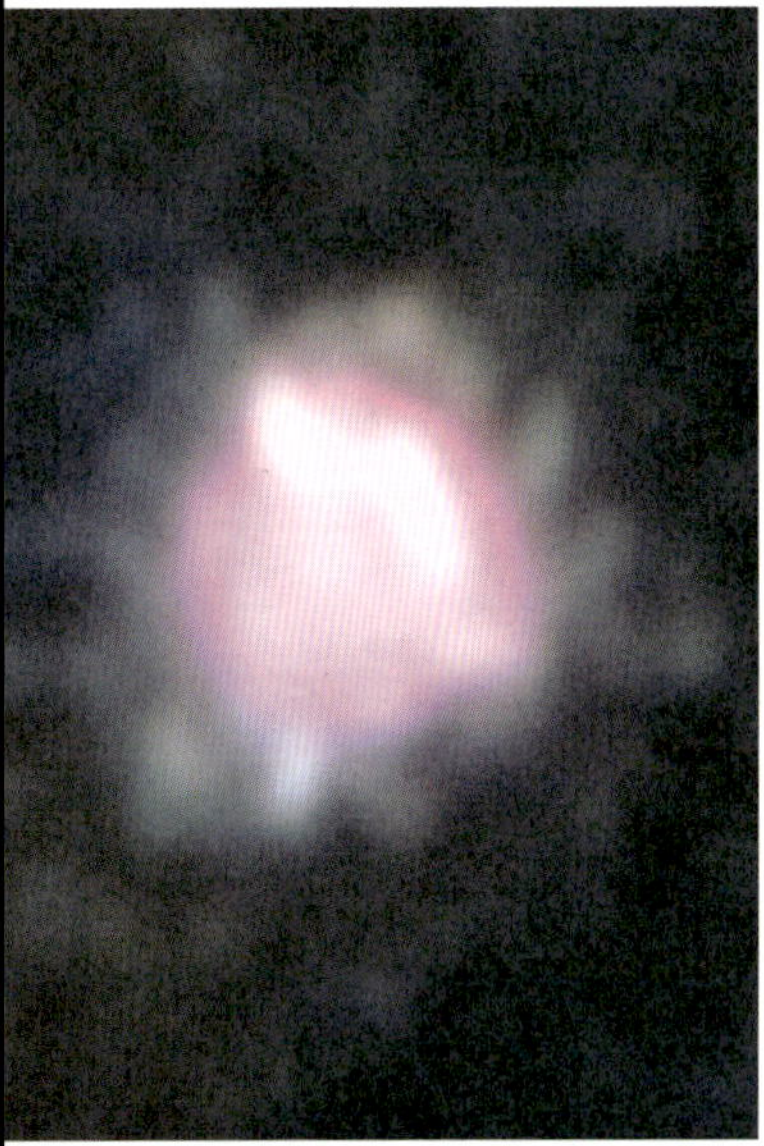

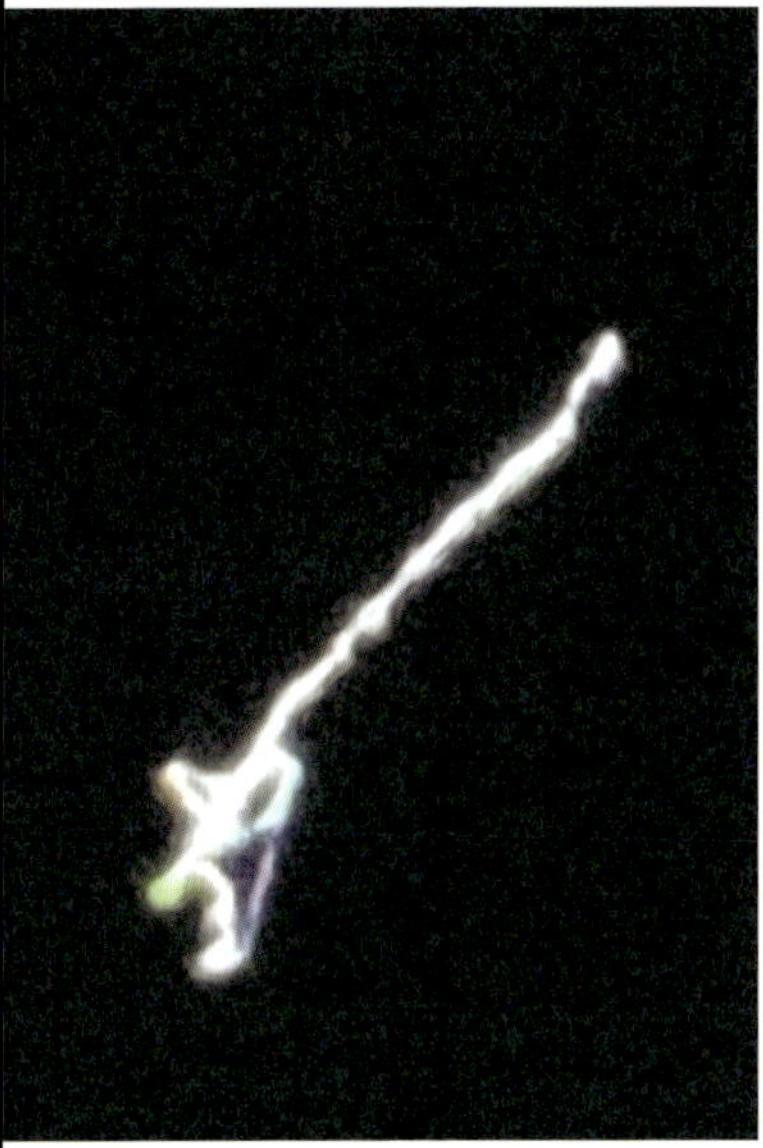

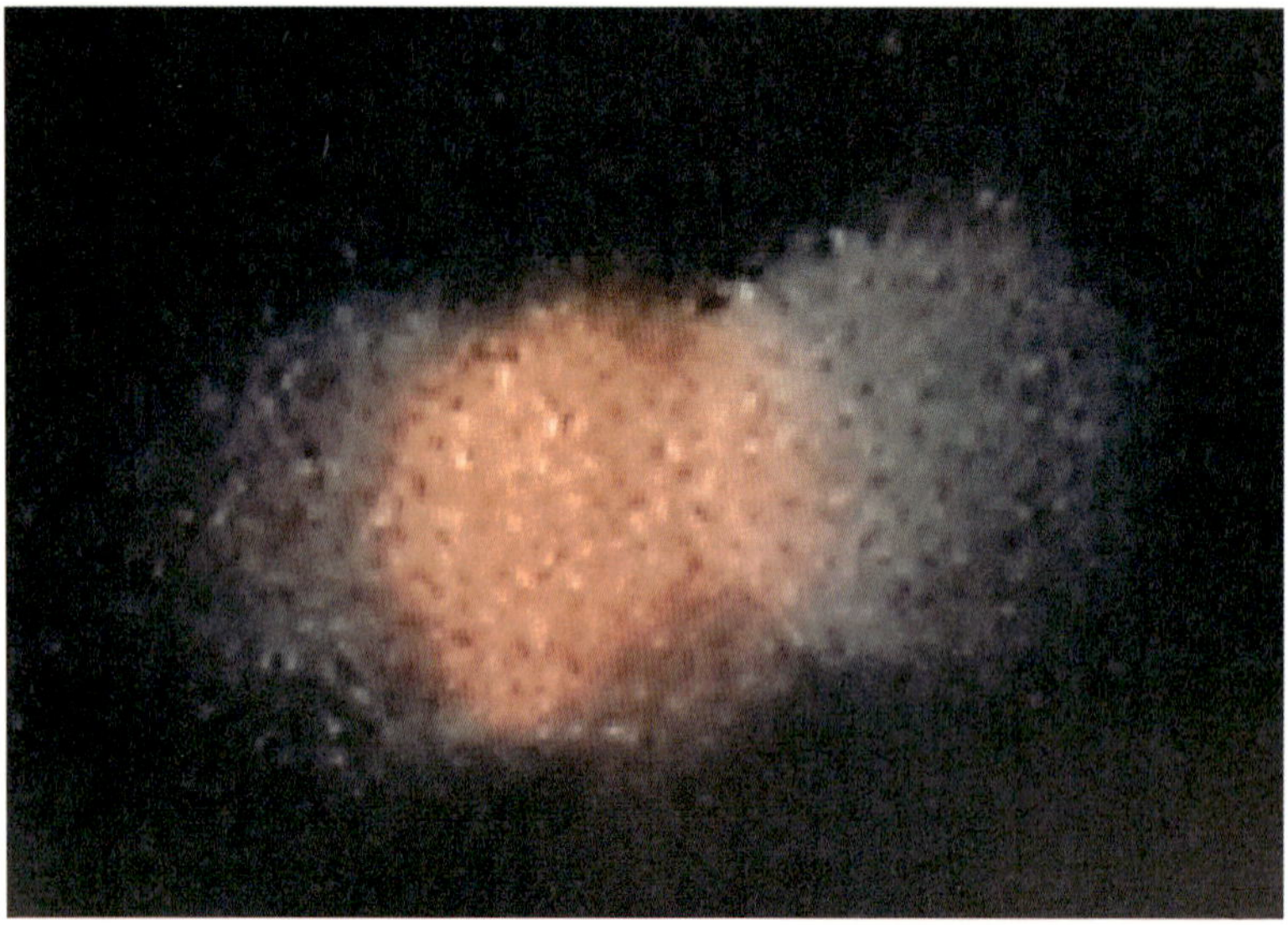

い。心の目で見て選びなさい。

平成20年8月3日

水道管のなかのネズミはどこに行くにも自由自在だ。お前たちの心も、暗闇でも自由自在になってくれ。

平成20年8月18日　水上　大峰神社にて

家族も大切じゃが、一人ひとり使命を持っていることを忘れるな。それをしっかりと心の底に止めていると生き方が変わる。子供にそれを教えることが大切じゃ。

カラカラの心のなかには真水がしみとおる。しみと

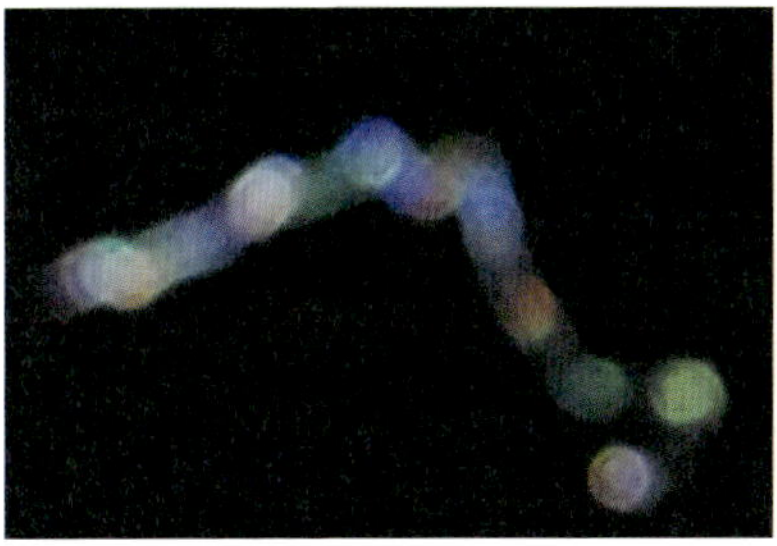

おった後には潤いが出てくる。その潤いがゆとりだ。

平成20年8月18日　水上　菅原神社にて

心臓の部分だけが浮き上がって見える。脈打つところも見える。体のすべての内臓はあなたのために動き働いている。文句も言わず。

前世とのかかわりが、深ければ深いほど、より深く相手を知ることができる。目に見えない糸をたぐりながら集まってくるのだ。必然的な出会いなのだ。それを大切にして、今生の役割を果たしていけ。

求められる人間像はお金持ちになることか？　政治家になることか？　そういうことが一番の目標か？

それもいいだろう。でもな、人を押しのけなくても、マイペースで進めるものがあるぞ。心の垢をどれだけ落とせるか、金持ちになるより厳しいぞ。

平成20年8月31日　戸隠　中社にて

誤作動した機械は収拾がつかなくなる。それを止めるのは機械のことをよく知った人間である。人間の誤作動を止めるのは自然界である。そして、人間自身である。

平成20年8月31日　野沢湖にて

煌《きら》めく星のスケールは大きい。人間の心はもっとスケールが大きいぞ。そう、お前の心もだ。無限大であるはずだ。それを小さく感じるのは、もっと開拓する余地が十分残っているということだぞ。楽しみながらやっていけ。

言葉の壁を乗り越えて、歩み寄らなければならない。なぜ言葉にこだわるのか、心というものは計り知れないくらい、奥が深いぞ。

平成20年8月31日　野沢糊に行く途中で

木の葉のようにゆらゆらと心が揺れているのか？　面倒くさがらずに地道に一つずつ重ねていけ。地道にやっていると神が助けに来てくれるぞ。

平成20年8月31日　野沢糊の雲より

むろん、もちろん、その通り、疑問を挟まずに素直に受け止める必要もあるときがある。それが間違っていようとも。素直になったものはいい出会いをする。

平成20年8月31日

子供のように純粋になるのは難しいが、純粋は自然と溶け込むことができる。どうして純粋かというと、水は電気が通りやすいだろ。純粋をたとえると水、電気は神のエネルギーだ。

平成20年8月

飛び越えるな。飛び越えるな。じっくり大地に足を着けていけ。そう、ちゃんと足形がつくように。

人をかばうことはいいことかもしれんが、とどのつまりはその者の内面性が変わらなければならないぞ。

平成20年9月23日　熊本　阿蘇神社にて

キュートなハートでストレスを流してくれ。ストレスは見方によれば我欲になるぞ。可哀想な部分もあるが同情できんものもある。どういう考えがストレスになったのか、もう一度見直した方がいいぞ。

来《きた》るべきときに自分たちの心を整えておかねばならない。それがゆとりというものだ。

平成20年9月23日　宮崎　高千穂にて

凡人のいうことなら聞けるかな。心の運びは、何々のような人間ならと区別をしてはいけない。子供からも、一輪のお花からも教えてもらうことがある。聞く側の心しだいであるぞ。

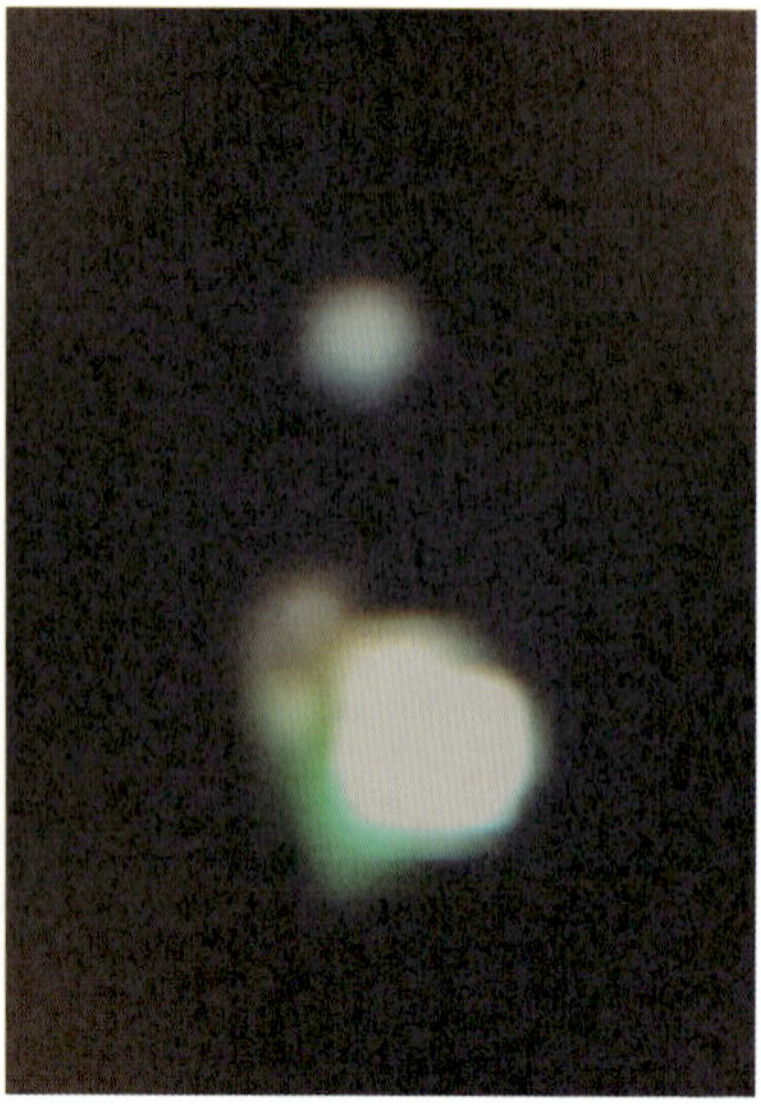

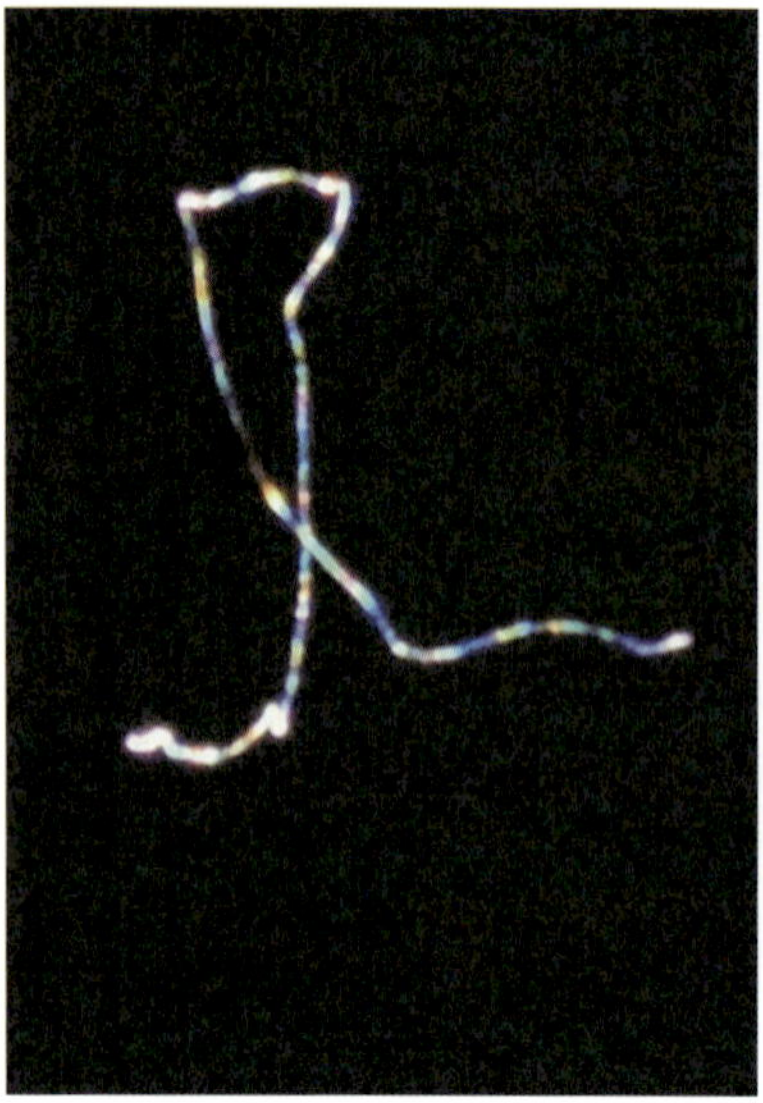

平成20年9月24日　宮崎　霧島神社にて

問答無用と言われ続け、自分の気持ちをあらわさないのか？　ある面それも一つの生き方だ。しかし、人間の心は進化を欲している。どこかでそれを打破しなければ、進化はあり得ない。

平成20年9月25日　鹿児島　鹿児島空港にて

正面を向いた仏像も横を向いた仏像も中身は同じ。人間も同じようになってくれよ。中身はすなわち心のことだよ。

平成20年9月　静岡　御前崎にて

幸福になりたいなら愚痴を言わないこと、感謝すること、驕《おご》らないこと。簡単だろう？

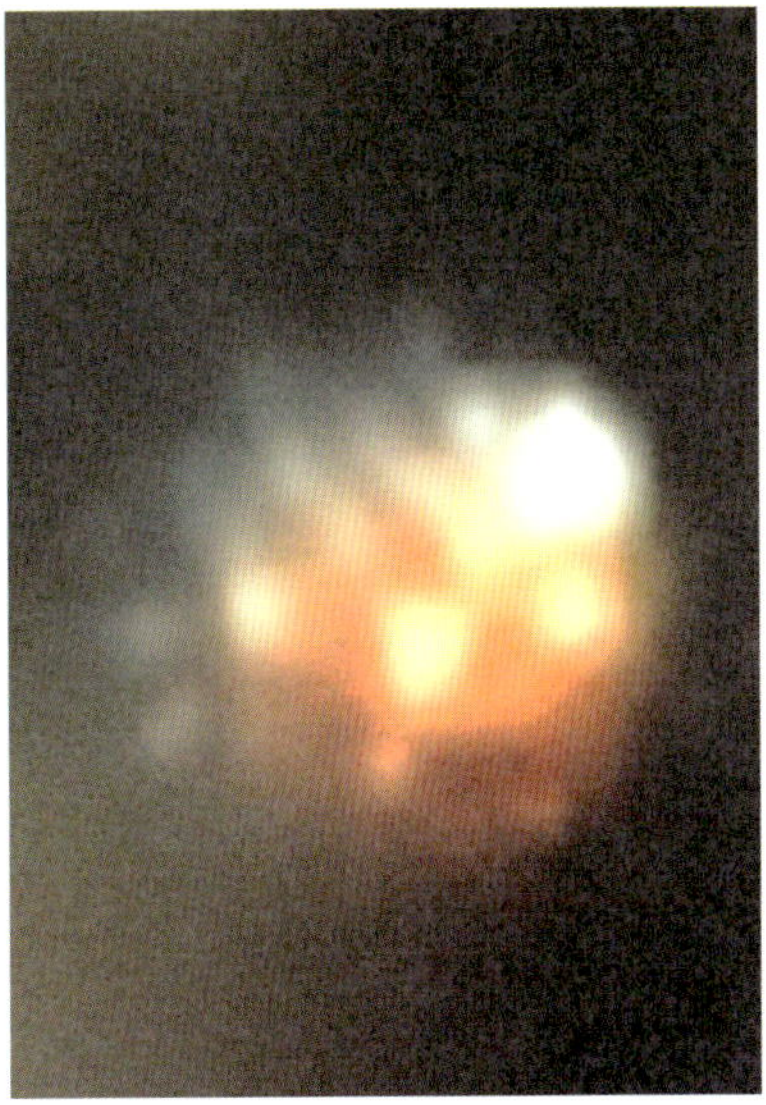

平成20年11月6日
矢も盾もたまらず、駆けていく姿がある。人情の世界では美しい姿であろう。しかし、もくろみを持っていく者もいる。心の目でそれを見極めねばならぬ。

平成20年11月23日
ソロモン王の栄華の時代を彷彿させる時代はもうこない。栄華は重荷だ。

平成20年12月4日
強行手段でなにもかも終わらせてはいけない。無理をもってすると、いつかはきっとそのしわ寄せがくる。積み重ねが必要である。

平成20年12月10日

歪んでしまった心の世界を取り戻すために、ひたすら神に祈る。ジグゾーパズルを解いていくように、よじれた心がほどけはじめる。言霊はよじれた心に注がれたオイルのようだ。

平成20年12月23日

モザイク模様の美しさはひときわ目を見張るものがある。人と人との気持ちもいいモザイクになるぞ。いい気持ちは組みあわさると美しいモザイクになる。

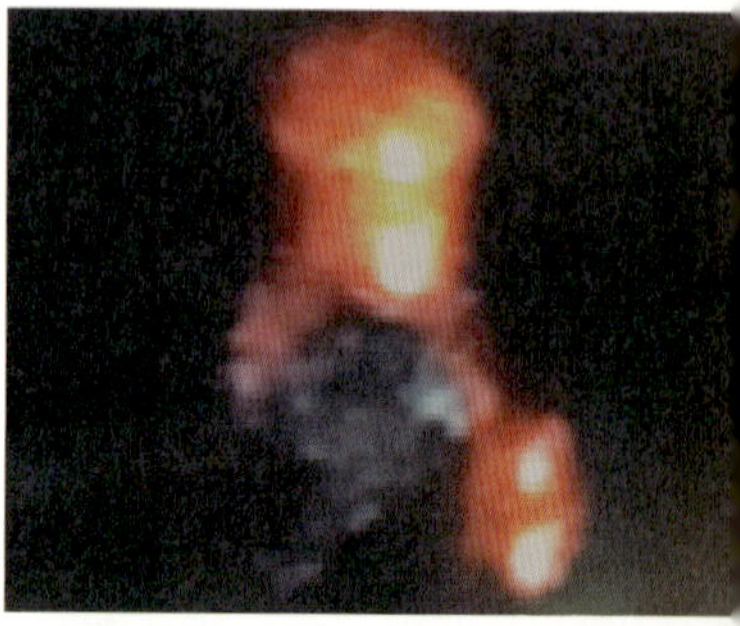

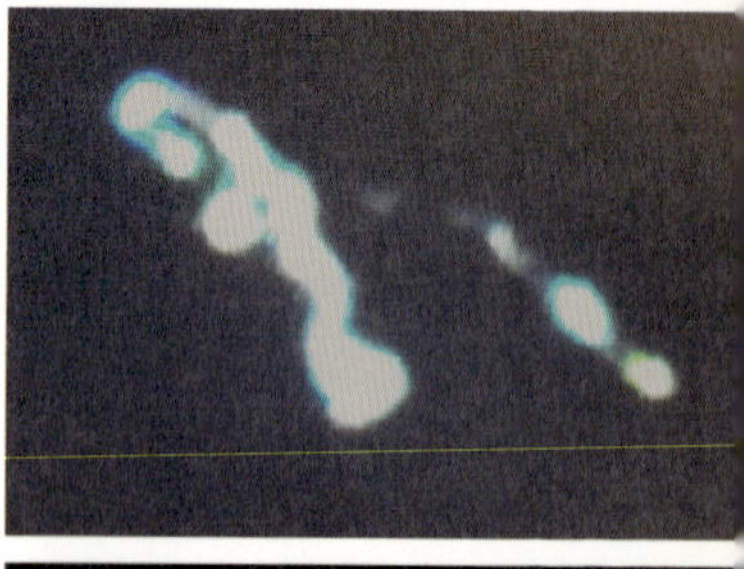

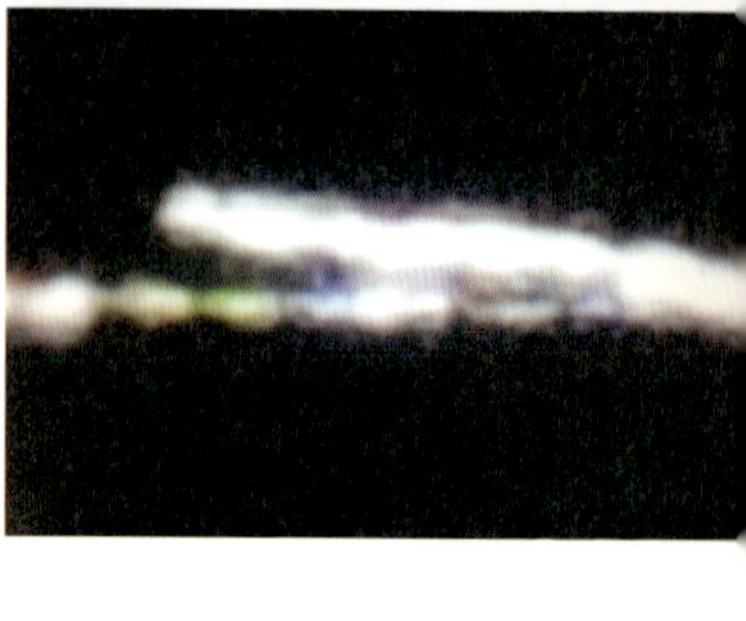

平成21年1月1日　小桜姫より

順風満帆な日々が続くようにお願いしたいと思いますが、そうもならずでございます。心の乱れが空気のなかに入りまじり、それが、そのまま他の者の心の繊維に入ります。不満のウイルスが多くに蔓延するでしょう。

平成21年1月6日

子供のころのように夢を持って夜空を見上げてみよ。星々が答えてくれるよ。気持ちのなかに変化が出れば、それが答えである。

平成21年1月18日

心のなかをすべて吐き出しなさい。まったく溜める必要はないのだ。

言葉通りの解釈は誤解を招くときもある。心の奥に焦点を当てて話を聞きなさい。

平成21年1月

虜になるものである。言葉のなかにはさまざまのものが入っている。言葉を大切にしなさい。そうすれば、心地よいものを感じるであろう。

平成21年3月19日　岩戸別神社にて

小声で喋っても聞こえるものは聞こえるぞ。声ではない。心で聞くのだ。

平成21年3月19日

「私」という言葉は自己を主張する場合がある。自己主張はともすれば相手を無言の内に押さえつける場合がある。

平成21年4月27日　猪苗代湖にて

世界の果てになにを見つけにいくのかね。こぼれ落ちるような幸福か？　幸福は、

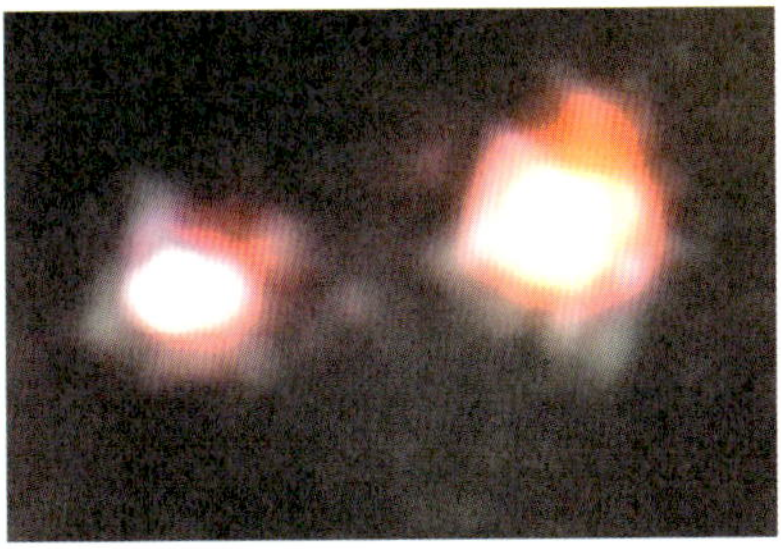

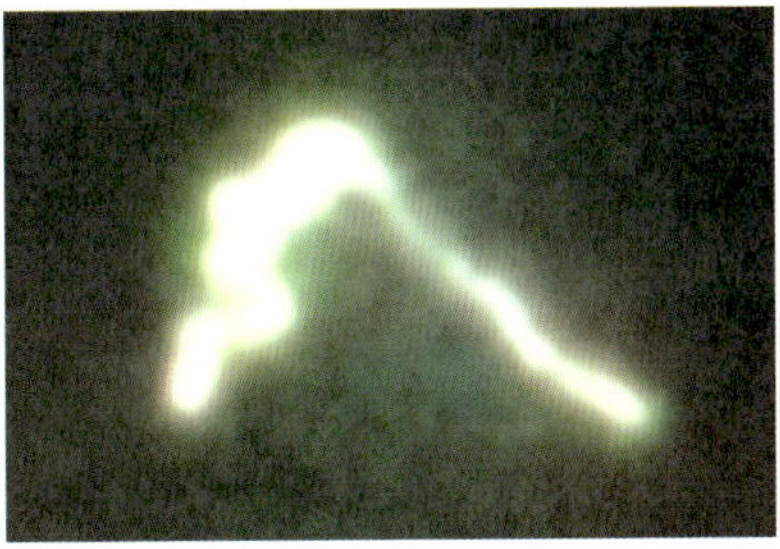

わかる感じでやってくるのでない。もう、幸福に包まれているかもしれない。

平成21年4月28日　あぶくま洞窟にて

条件が揃うまでは紆余曲折がある。それは遠回りではない。

相談をするときには心を平静に保たねばならない。そして十分な距離感を保たねばならない。そうすれば自ずと答えが見つかるであろう。

小踊りするような、ウキウキするようなそんな楽しい日がたくさんあればいいなぁ。本来は、苦はなかった。自然体であったならば。

求む内容はいろいろあるなれど、真の問答は少ないわい。何故、私利私欲の願いごとが多いのであろうか。それが満たされれば幸福か？　真の幸福を知らないことの方が重要なのに。

極端から極端へゆとりがないのう。自分の心に問うてみなさい。心が喜んでいるかと。

平成21年4月28日　猪苗代湖にて

諸々の足かせを外《はず》すには心の鎖を外さなければならない。人間の心の鎖は愛でしか外せない。

平成21年4月28日　あぶくま洞窟にて

心のままに生きなさい、すべては準備されている。

平成21年4月29日

少々の流れが変わっても、その真髄は変わらない。なぜなら、それは永遠なる真髄であるから。

平成21年5月8日

先を急がずとも、行く道は決まっておるぞ。困難はあるが、導かれる方向へ向かっていくのが確実である。あるときにある物、やるときにやる物を、そのときに応じて手にすることができる。見極めが大事じゃぞ。

平成21年5月21日　七渡神社にて

わんさかわんさか飛び出してくるわい。締め出された「陰」の心。たちまち宇宙に蔓延する。それを受け入れる鍵穴を探す。「陰」はますます鋭い目つきになってくる。心を磨いて精密な鍵穴になれ。

平成21年6月14日　京都　清水寺にて

生涯を通じてたった一つ、素敵なプレゼントをしよう。「私はどこにでも在る」という言葉だ。思い出すときがスイッチＯＮの鍵を入れることになる。

輝かしい未来を夢見て、多くの若者は生きている。しかし、希望はしぼみ、夢は夢で終わる。なぜだろう。この世に誕生した喜び、生かされている重みを心に植えつけていないからである。

求めてきたのか？　心をあわせよう。心のヒダ一つひとつに私の思いがしまわれていくだろう。ゆっくりと紐解いていきなさい。

平成22年3月14日

将来のことを考えて、構想を立てるのはいいことだと思うが、構想通りにはいかない場合があるぞ。なぜなら、それはあなた自身の構想であって、天と結びついた者は変わる場合があることを覚えておきなさい。構想を立てるのはいいが、変わったときは、素直に受け入れればいい。

平成22年3月

すべてのものをひっくるめて改心せよとは言わん。涙の一滴が純粋なものならば、すべてに沁みとおる。

自分のなかの神、友達の神

平成18年9月28日　玉置神社にて

世のなかのことは、これほどまでにすさんでくるとは思わなかった。あまりにも現世主義の風潮が広まりすぎた。これじゃ神との繋《つな》がりを持とうとする者との落差は大きいわい。

おいそれと近づくことのできない神と思っているのか？　それは人間の感覚である。無限の彼方にいるわけではない。どんどん近づけばいい。

平成19年2月11日

コールセンターのようにつながっているよ。人間だ、神だとか見る必要はないわい。心そのものが神なのだ。いろんな思いをする人間もいるが、心をつくっていく行程だよ。素直にこしたことはないがな。

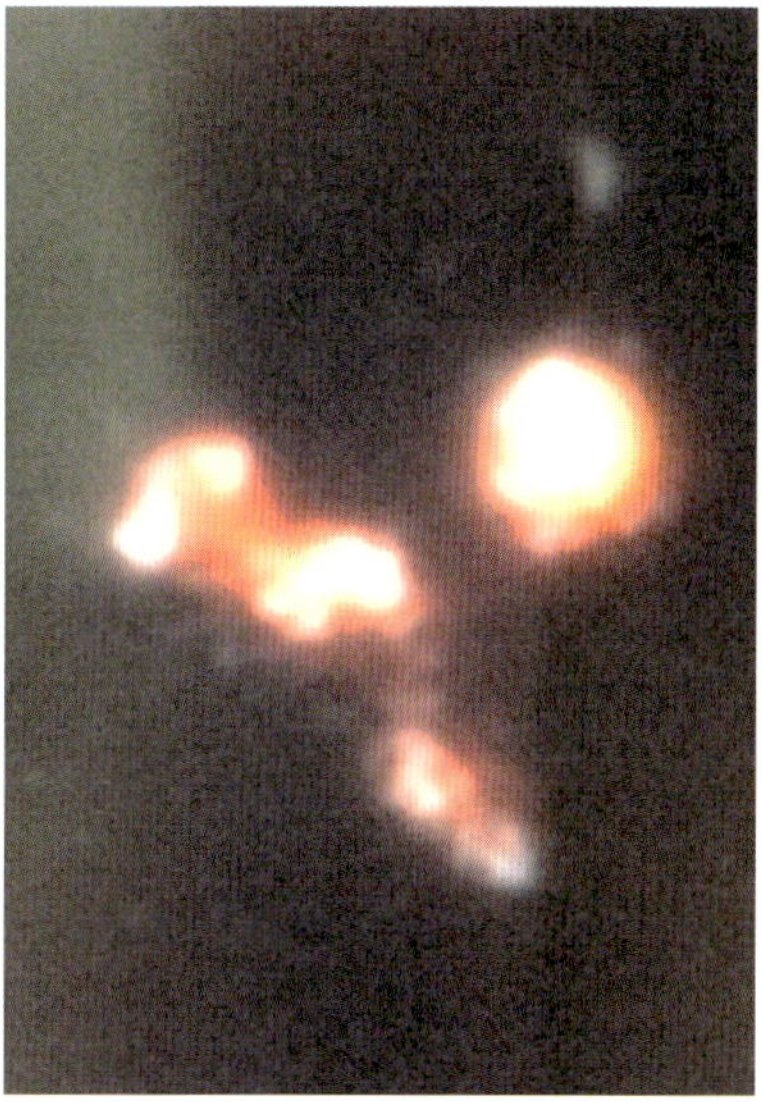

平成19年3月1日　千葉　猿田彦神社にて

学ぶべきものがあれば一つでも多く学べ。神の言葉はあらゆるところに存在する。「ロゴス」は神の意志だ。そして発する言葉は「神の愛」だ。

平成19年12月3日

言葉少なげに語るのもよし。女の子のおしゃべりのように弾んでかわすのもよし。壊れていく環境のなかで力強く残るのは神を知った者の声である。

平成20年1月3日　雲の写真より

つながりといえば、人々のなかに神々のつながりがある。日本の神々のつながりもあるし、世界の神々とのつながりもある。その者が神ということではない。

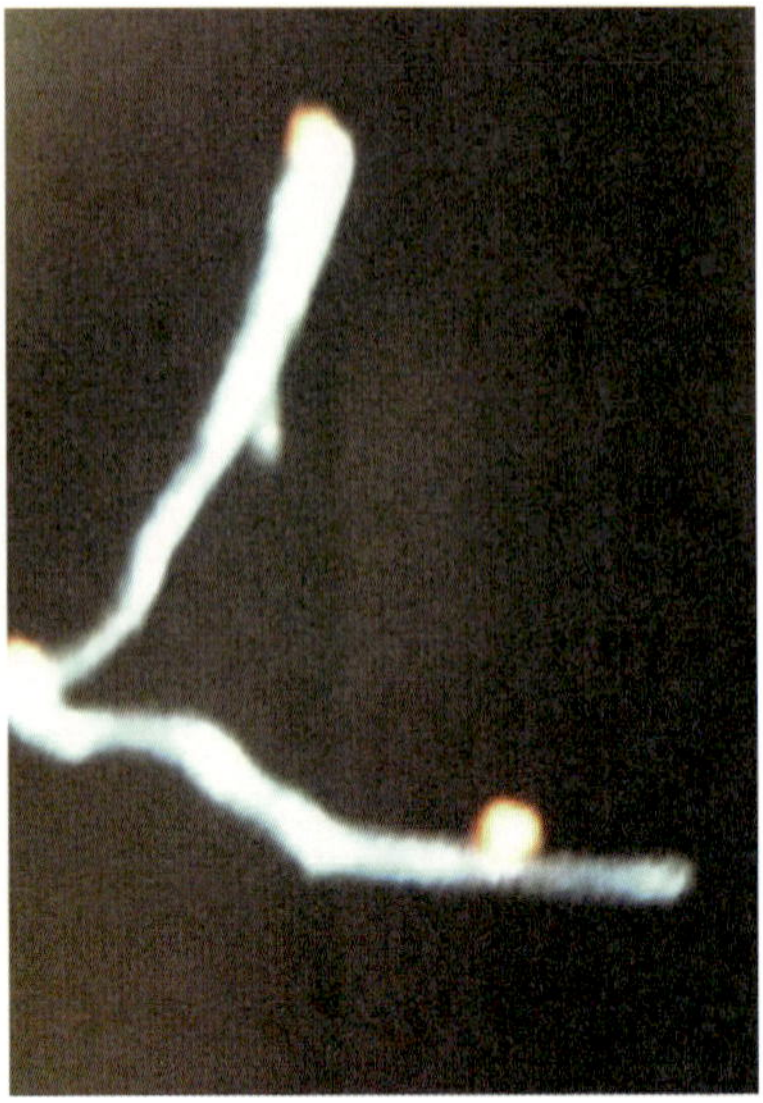

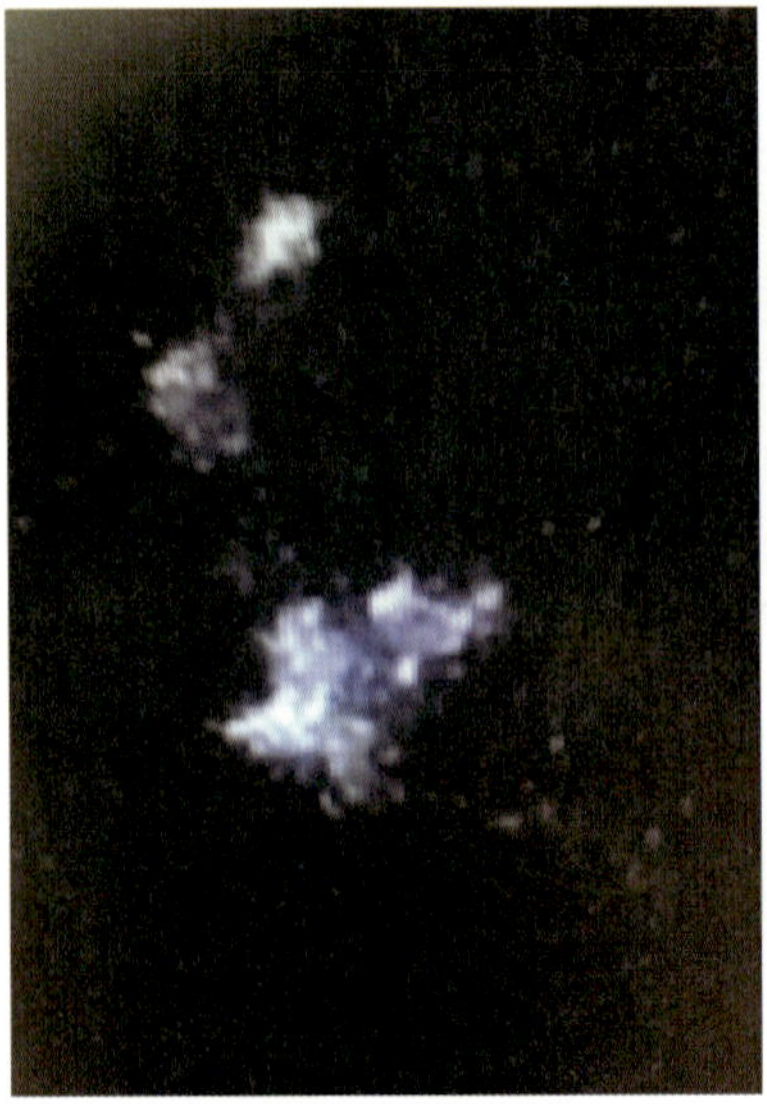

今このときに、なさなければならない使命を指導している神々のつながりをいう。感謝して歩め。

平成20年2月8日

木漏れ日の入る部屋でゆっくりと目を閉じてみる。ほら、聞こえるだろう。神々の会話が。それは光になり、風になり、小鳥の鳴き声になって聞こえる。

平成20年2月18日　雲の写真より

言葉が少ないなぁ。言葉で表現せねばわからんこともある。もどかしいけれど言霊じゃ。

平成20年3月18日　雲の写真より

子供の夢をつぶすようなことをしてはいけない。神との交流の場をつぶすのと一緒のことである。

平成20年3月30日　八幡神社にて

言霊の行方はどこに。言霊は厚い壁のあいだを通り抜けてゆく。言霊の先には目がついておるのでな。

模索する要因はいっぱいある。神とのつながりは大いに模索しなさい。

平成20年3月30日　山梨　神代桜にて

キャチャーミットにすっぽり収まったボールは、まるで神の懐にすっぽり収まった赤ん坊のようである。すやすやと寝息をたてているではないか。誰でも神の懐で寝ることができるのだぞ。

平成20年3月31日　山梨　玉諸神社にて

夜空を見上げてみい。魂が会話をはじめるだろう。その感触が神との対話だ。

平成20年3月31日　山梨　阿夫利神社にて

世界の神々がいかに共助しようかと右往左往している。できるだけひっつかまえて教えてもらいなさい。

強烈な意識によって、神の本質を心に宿していけ。

おざなりにしてきたものがある。今だけのことではない。神との調和だよ。ずーっとアンバランスのままきてしもうた。あっちこっち修正していけよ。

平成20年3月31日　山梨　玉諸神社にて

大きな望みを抱いて歩いているんだね。神が道を平坦にしてやろう。でも、ときには穴ぼこや岩があるかもしれん。それはな、あまり平坦では面白くもなんともないからだ。そこは通れるように工夫して通れ。

山に入るとき、神と共に入れ。そうすれば神と会話ができる。山が答えてくれる。川は道を示してくれるだろう。

平成20年5月24日　出雲　建雄神社にて

携帯がピコピコ鳴っておるがそんな物は必要ではない。私とのあいだには携帯がな

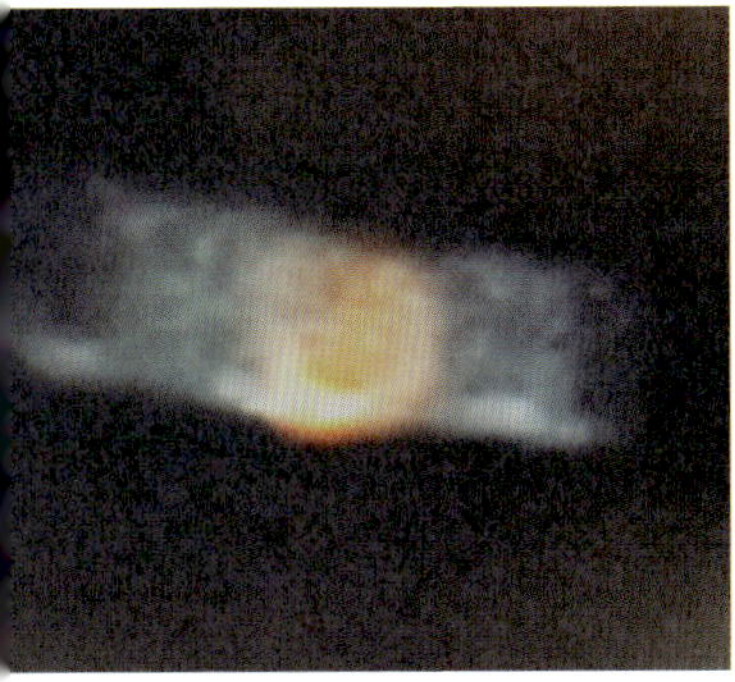

いではないか。

平成20年8月3日　猿田彦大神より

龍神が嬉しそうに踊っている。地響きがするなぁー。めったに見ることができん。わしも踊ろう。

平成20年8月3日

輝かしい経歴なぞ、なんの役にも立たんわい。それより神との経歴を積んでいけ。しょぼくれた人生を送るよりはルンルンの歌が出る人生の方がいいだろう。それには多くの神々を友に持つことだな。

生活圏を守るのもよし、趣味を楽しむのもよし、しかし、すべて神とのつながりを持った心情から出発しなさい。

ポコポコ湧き出る思いや考えは、神との出会いもあるぞ。思いのなかや考えのなかに、いくらでも神は入っていけるのじゃ。えっ！　と思うだろうが、意識をするとわかるようになるぞ。

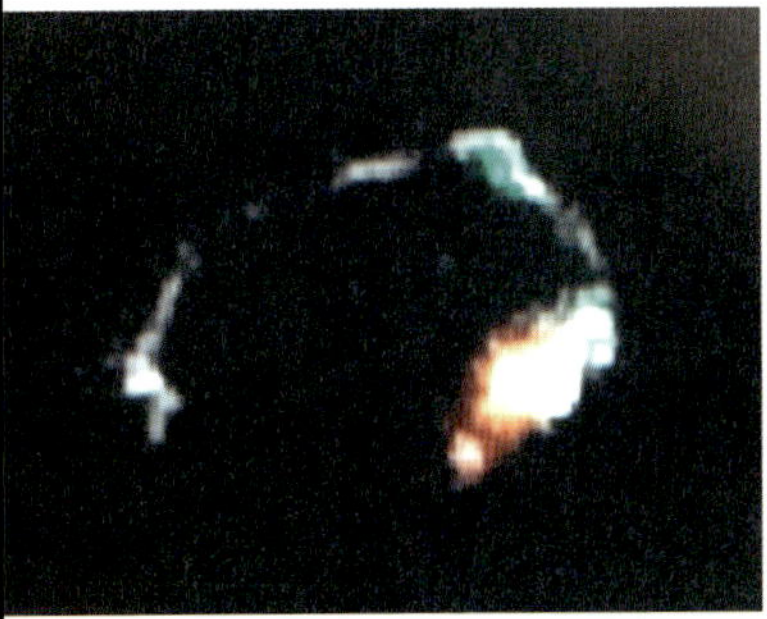

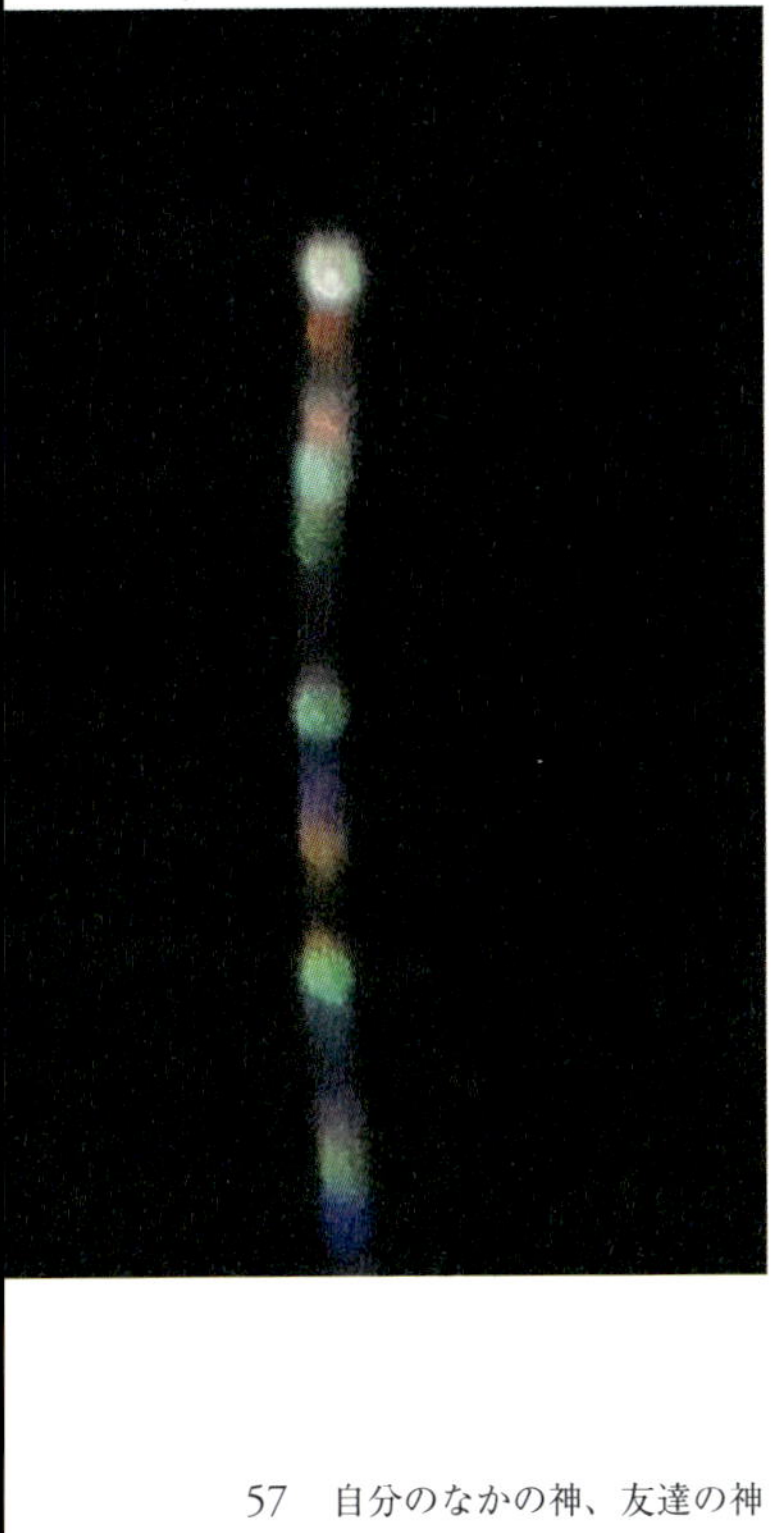

平成20年8月18日　水上　大峰神社にて

小高い丘に赤い風船が見える。なにかの印だろうか。人間にはそれぞれ印がついている。どんなに離れても赤い風船は見つけられる。人間の印も同じだぞ。

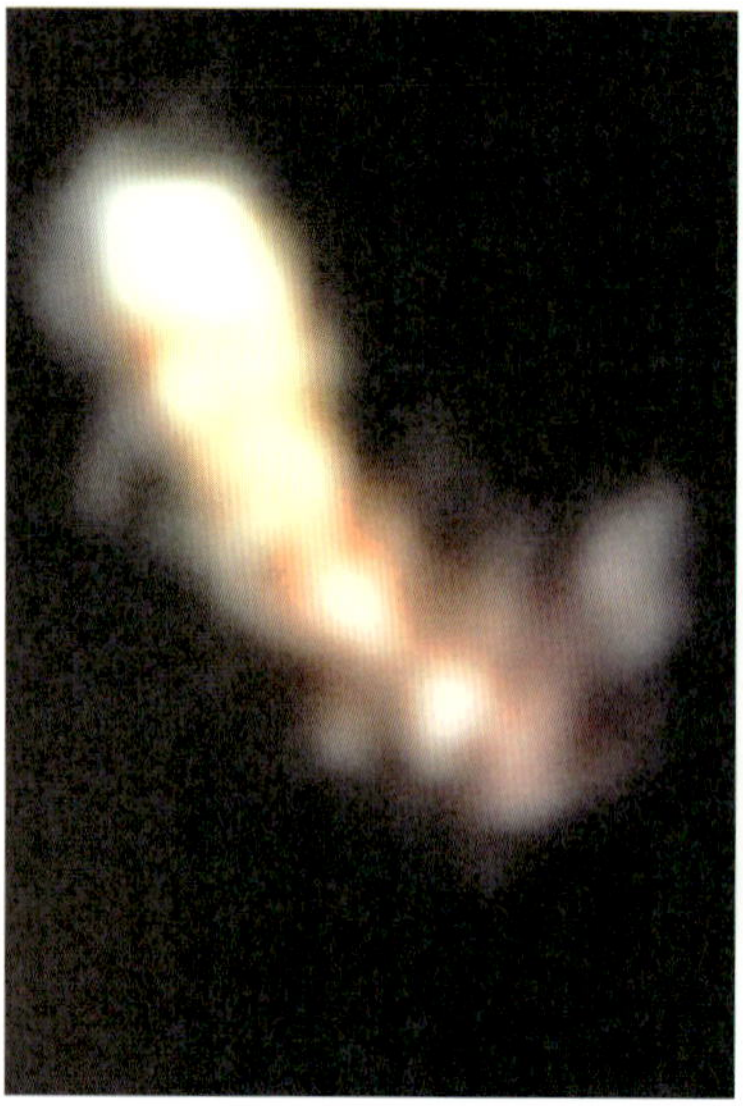

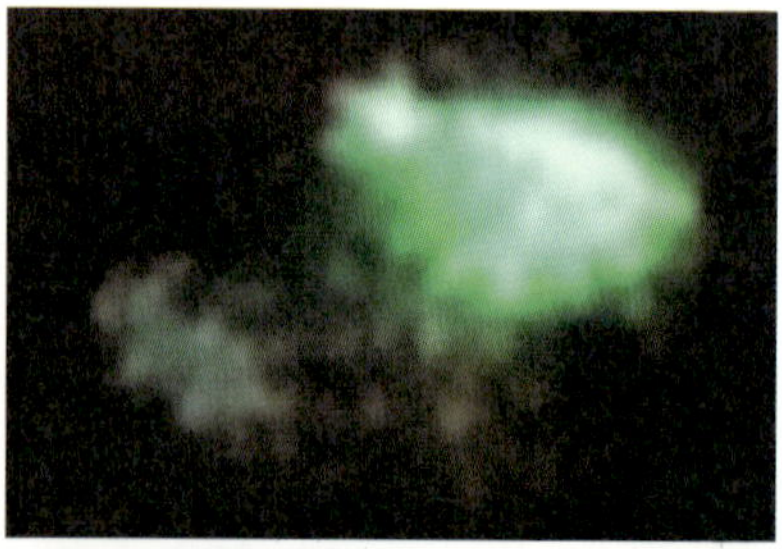

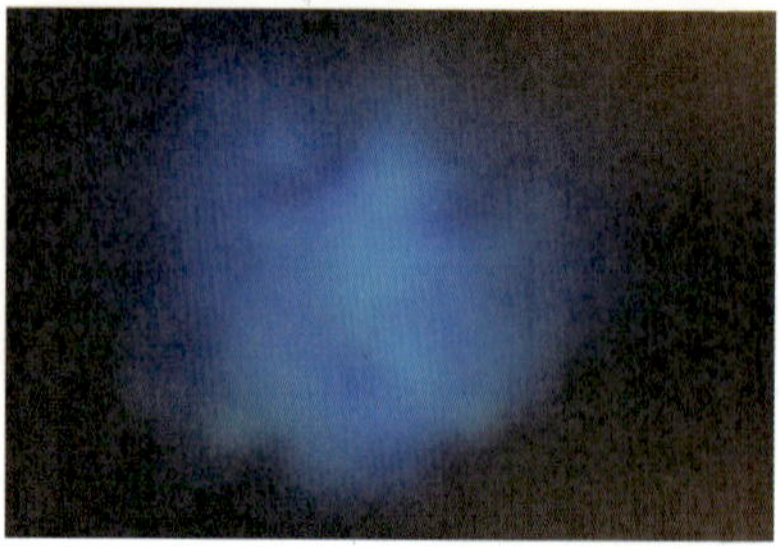

みぞれの降る寒い冬にじっと待っている者がいる。もう何年経つのだろうか。しかし、神との出会いはないだろう。それは心の灯が見えないからだ。

平成20年8月18日　水上　菅原神社にて

生涯の友として深くつきあえる者となれ。そのためには裏表のない神を中心とせよ。裏が出れば相手に影が映る。

ゴボゴボと湧き上がる温泉の湯。温かくなるだろう。神の愛情も同じだよ。心が温かくなるぞ。

「信仰」は「信じて」「仰ぎ見ること」か？　トラウ

マになるようなことを言うなよ。神々との距離ができるじゃないか。笑ったり、楽しんだり、愛したり、神と同じ心を持てば、そこに神ありだ。距離をつくってくれるなよ。共に酒（人間界の喜びのときの表現）を飲み交わそうじゃないか。

平成20年8月31日　戸隠　中社にて

さらさらとした川の流れに誘われてきた。傍《そば》に座ってみるがいい。天と地の交流で、体のなかに神のエネルギーが流れ込むだろう。

平成20年9月24日　宮崎　まほろばの里にて

幸福論を論じることはいいことではあるが、なにを基準に論じるのか？　最高の幸福は神との出会いだぞ。

平成20年11月23日　七渡神社にて

タンポポの花が枯れて、綿毛がふわふわ飛んでいく。誰にも邪魔されずに着地するもの、雨に打たれてしぼんでしまうもの、どれもすべて同じタンポポから飛んできたものである。たんぽぽである神から飛んでいった者たちはどんな着地をするであろうか。

平成20年12月21日
毎夜毎夜に繰り行われる悪魔の儀式。掃除をするには手ごわすぎる。神の光シャワーを浴びよ。光なら細胞の一つひとつにしみわたる。

強力な結びつきは心を揺るがさない。これが、神が願われた世界である。

平成21年1月7日
言葉のなかに入りて、多くの人たちを目覚めさせていく。言葉は神の魂であるぞ。言葉を受けた者も、神の魂を浴びる。

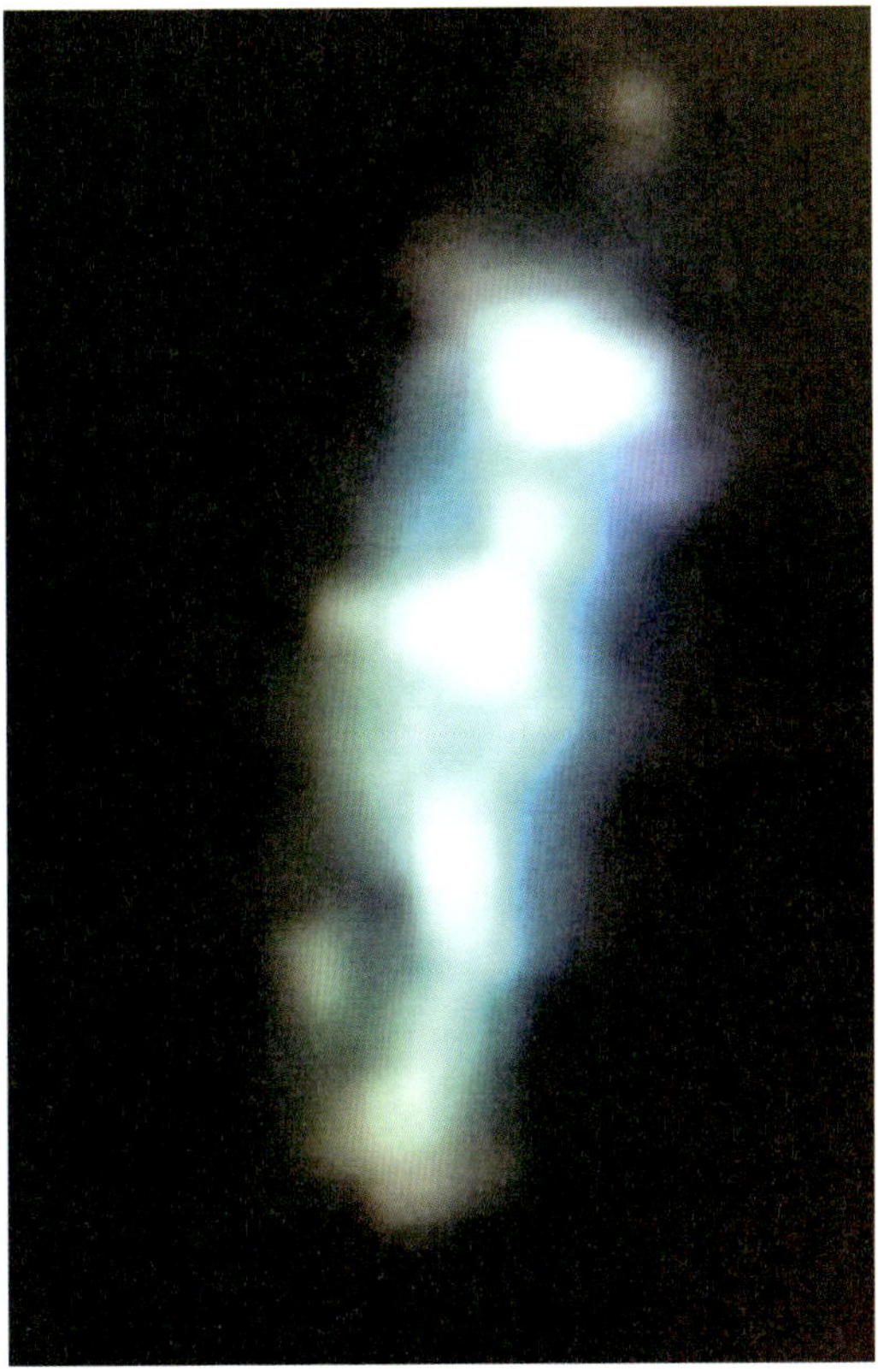

平成21年1月19日　北杜　増富公園にて

求め来《きた》る者には私の光をあげよう。私の光は闇夜も溶かす力がある。その光で屈折をつくり、どんなところにでも光が入れるようにしてはいかがかな?

平成21年4月28日　あぶくま洞窟にて

牧歌が聞こえる。その丘は天使が戯《たわむ》れる丘である。その丘から転がってきた歌の一節でも口ずさみなさい。あなたの心も、天使たちの戯れのなかに交わるであろう。

平成21年4月

科学の粋を集めても、神のことはわかるまい。しかし、なにも知らない赤ん坊の方が神を知っている。

平成21年6月14日　京都　清水寺にて

おぼろげな月夜であっても、月の役目は果たしている。自然界は100パーセントその役目を果たしている。人間には心もあり、知恵もあるのだよ。意志のある神から頂いた、その心を100パーセントに近づけてほしいな。

考えの外枠にあるもの、これに振り回されてはいないか？　外から中ではなく、中から外に影響を与えなくてはならない。中の中心は神の心である。

平成22年3月14日

氷山の一角であろうが、それは「在る」という存在である。なにを言いたいかというと、あなたたちの存在が、確実に認識されているのである。神は存在だけでなく、その人物の髪の毛一本一本まで認識されている。人間は、自分は価値のない者だとか、自分を極端におとしめている者がいる。そのような人間をも神はすべてを認識されている。この世に価値なき者は一人もいない。

平成22年3月

多くも少なくも、人との出会いは神が介入しているものだ。

未来の希望

平成19年8月20日

逃げ惑う人々の群れのなかに輝く者がいる。道もその者には輝いて見えるであろう。光を持たぬ者たちは崖からどんどん落ちる。持っている光を出さずに消えてしまうのか。光を出す方法を教えてやれ。

平成19年11月11日

準備不足のなかに求めても不足が残るばかり。新しく求めるのではなく今までの基本に立ちかえれ、何気ないなかにも基本はあるぞ。その積み重ねの上に、次を求めるのじゃ。

平成19年12月7日

こぼれるほどのお土産を持って我は来たわけ。輝く未来を築くために。おみやげとはなんぞや。気になるか？　宇宙の割れ目に漕ぎ出す舟ぞ。目配せはいらぬ。前のみぞ見て進め。乗り切ったとき、割れ目は閉じる。暗黒の世界は閉じられ扉の向こうに無限に広がる。

平成19年12月19日

そろそろ限界がきたな。腰を上げろ。今上げねば一生喜びをつかみ取ることはできないぞ。

平成20年3月8日

飛んでいこうとする気持ちを抑えて、じっくりと足元を確認しながら歩むことで

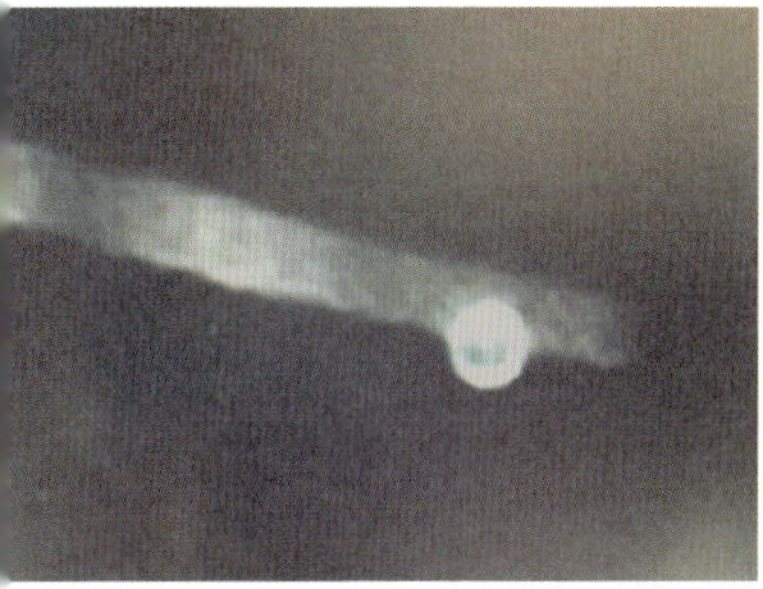

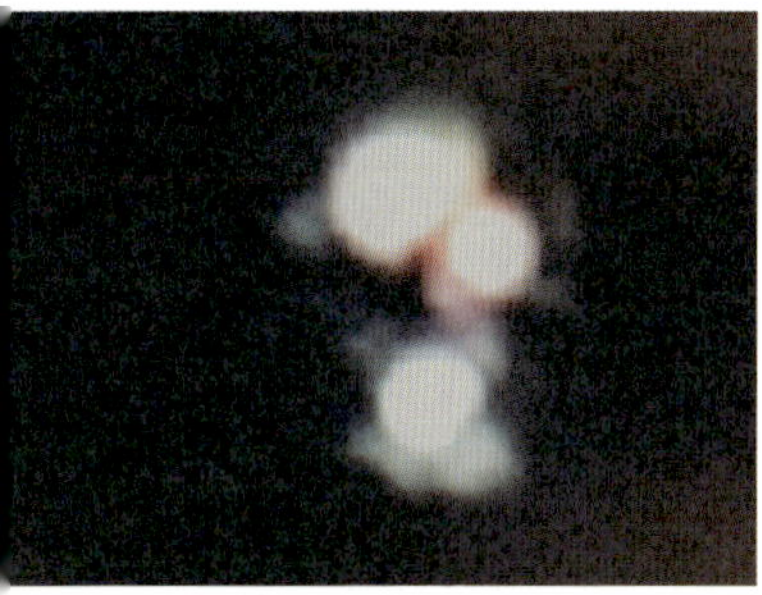

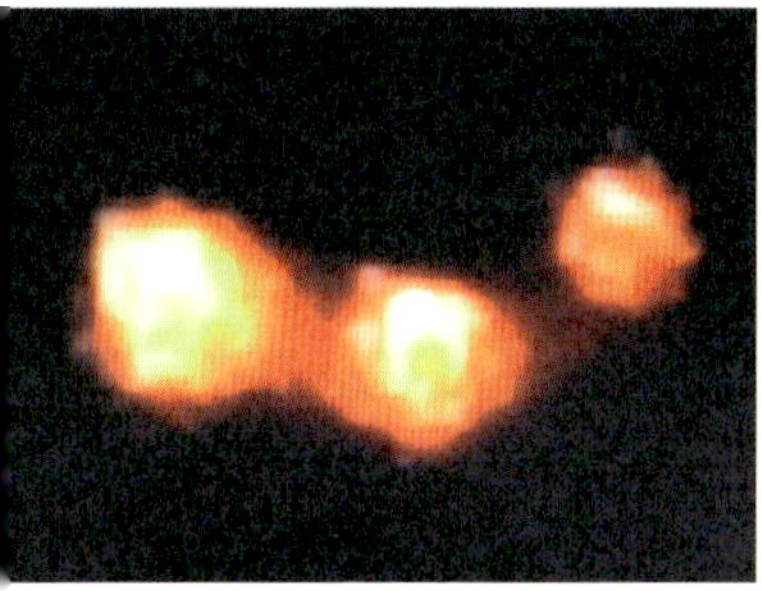

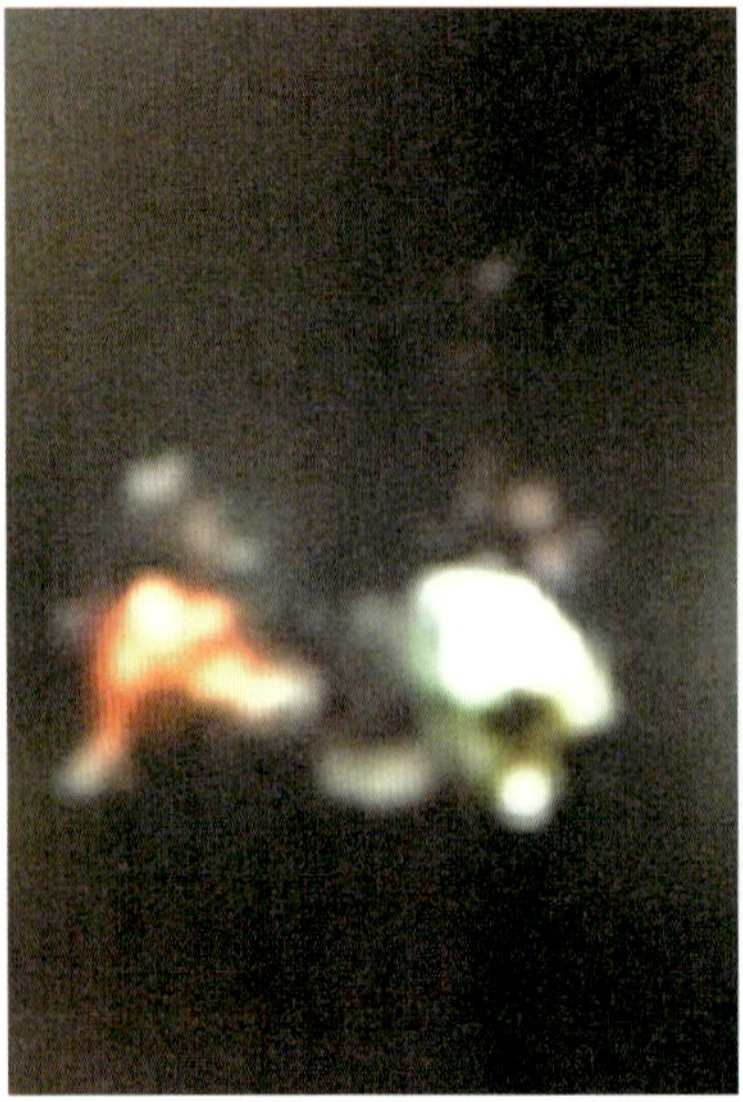

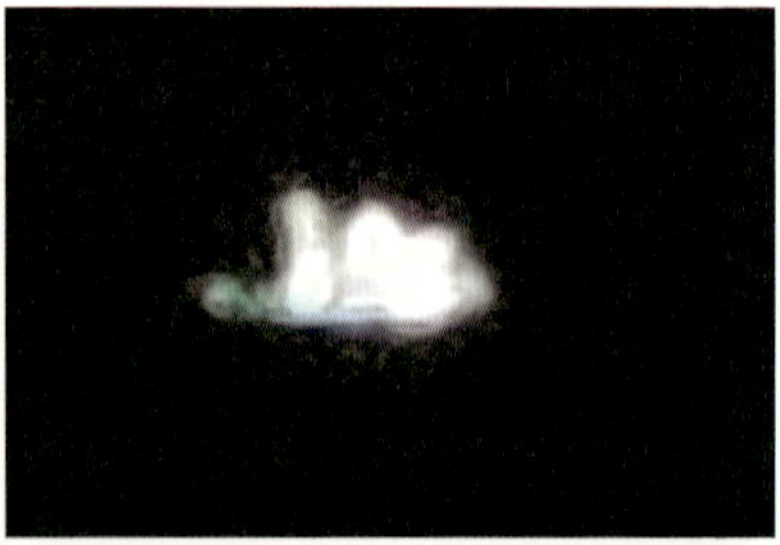

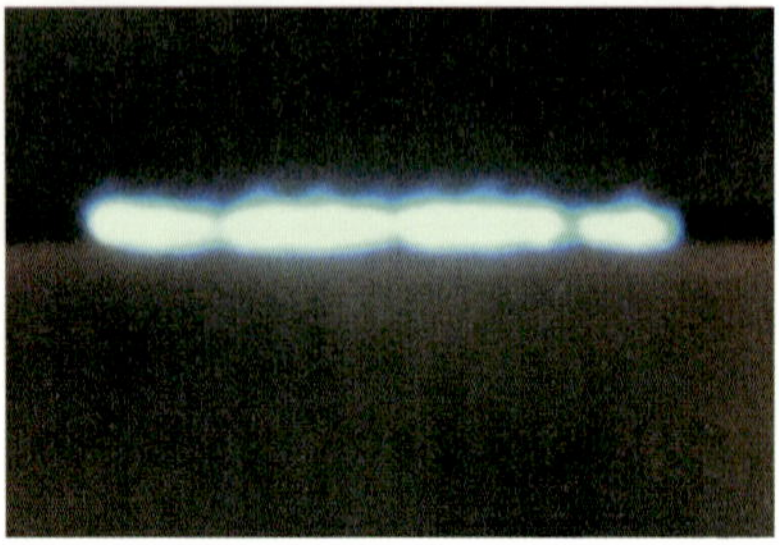

す。飛んでいることが悪いという意味ではありません。その方があなたの日常的生活が安定するでしょう。

平成20年3月31日　山梨　阿夫利神社にて

草原の奥深く進んでいくと大きな森が見える。鬱蒼《うっそう》とした森であるが進むべき道は明るく照らされている。どんなに複雑な道を歩んだとしても、明るく照らされている。信じて歩きなさい。

平成20年4月6日

標準的な構成（素粒子のこと）は徐々に成り立っている。けれどそのなかに見落としているものがある。意外なところにその答えはある。それはミクロの世界

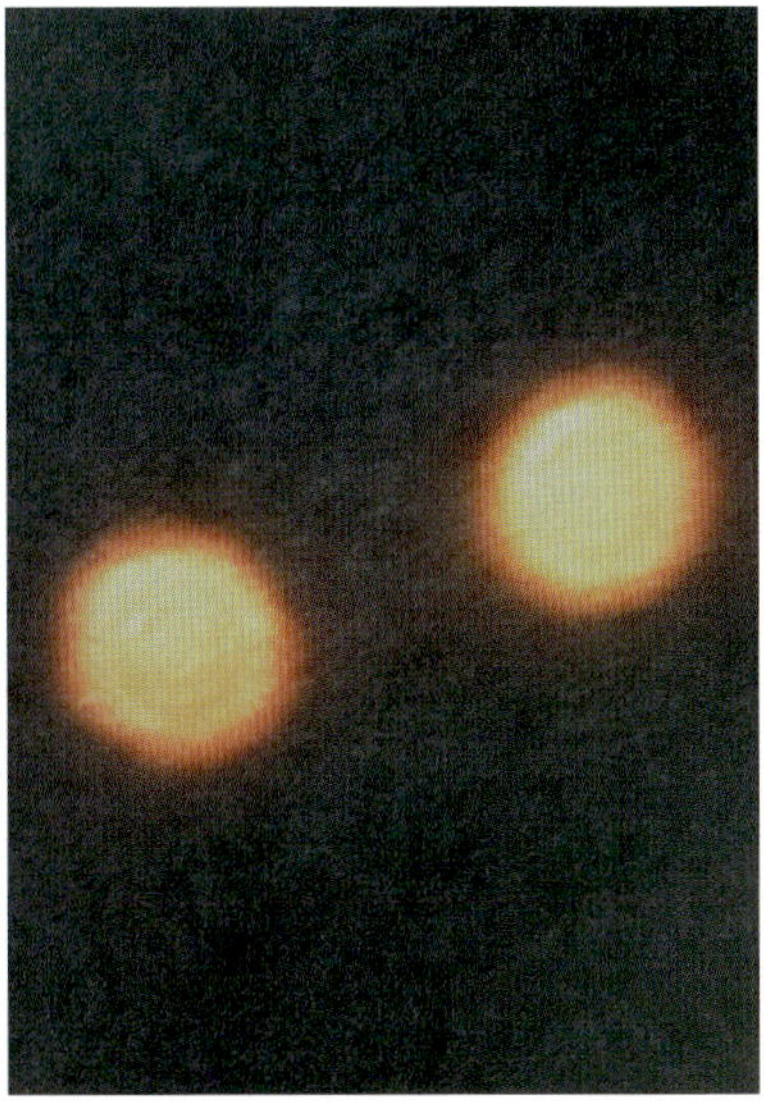

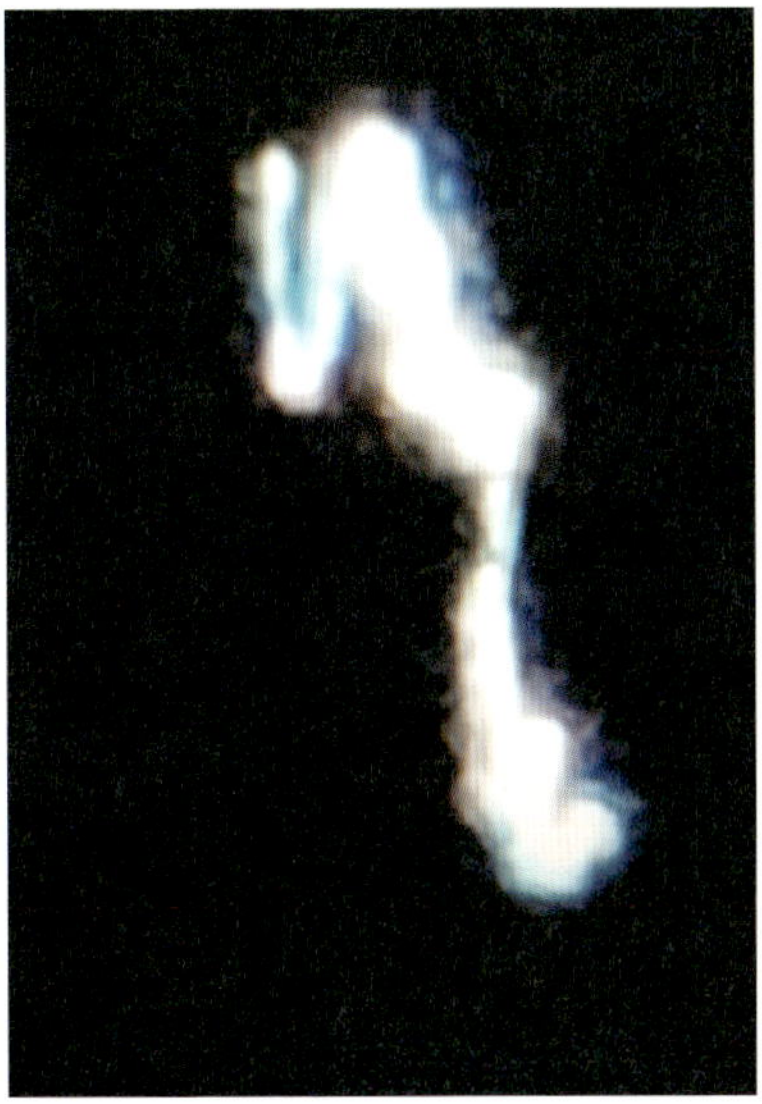

の人間の血液のなかに見つけられるであろう。活動しているときの血液を、今までの概念ではなく、すべてゼロにしてから持っていかねばならない。

平成20年6月3日

上手な言葉ではないが、集中は宝だ。集中すれば新しい知恵が与えられる。

平成20年6月7日

しとしと雨は天の恵みだぞ。恵みをいっぱい浴びよ。心のなかの毒素を洗い流してから太陽のエネルギーで心を充満させよ。どちらにしろ、雨でも天気でも「感謝」ということだ。

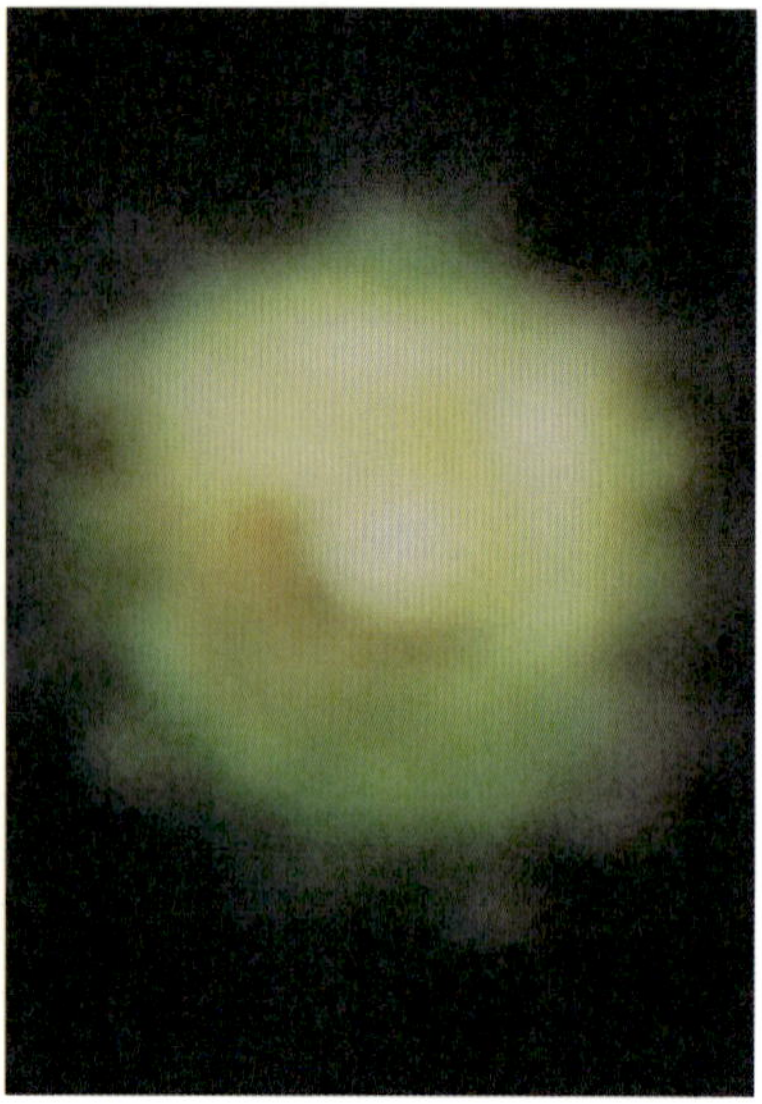
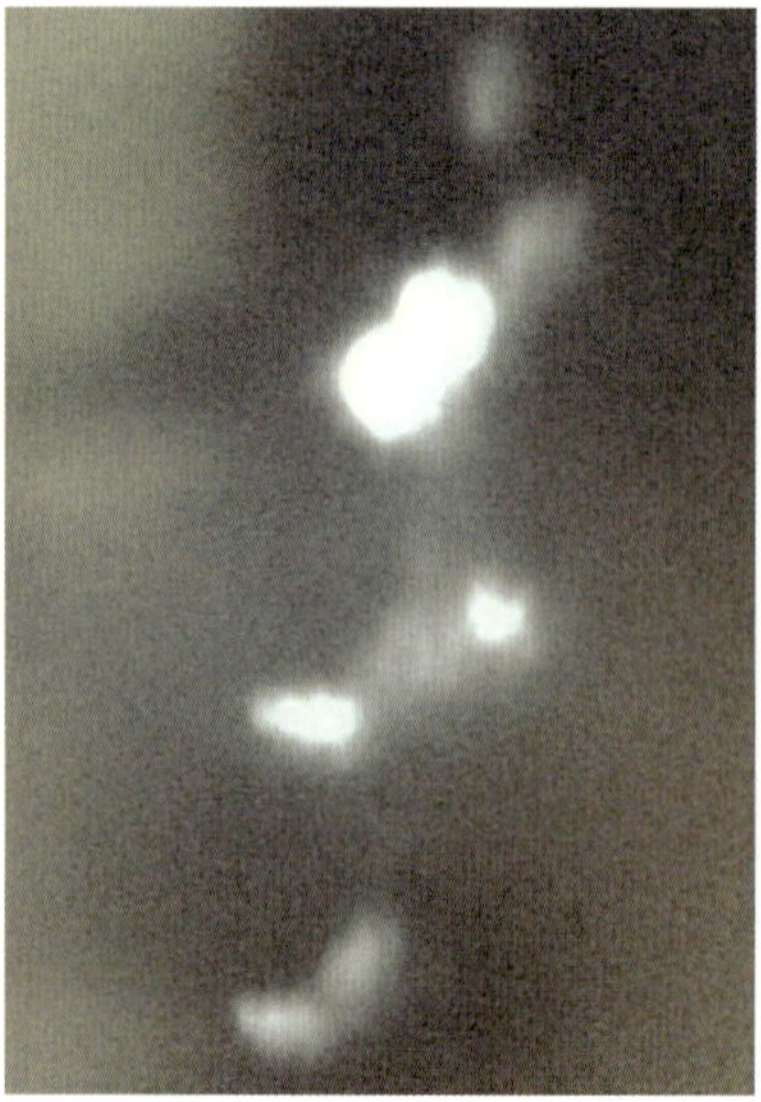

平成20年6月8日

素朴さが一番いい。めざましいほどの進歩を見せるときがある。ホップ、ステップ、ジャンプの今はステップだ。

平成20年8月3日

重ね餅のように技術を重ねていくんだぞ。その小さな作業が、次の、崩れることのない重ね餅になる。

平成20年8月5日

まさかのまさかだ。なにも知らない者たちがどれだけいるだろうか。祈る者は人数ではない。地球規模の、いや、宇宙規模の気持ちを持って祈れば何万人もの数に勝る。

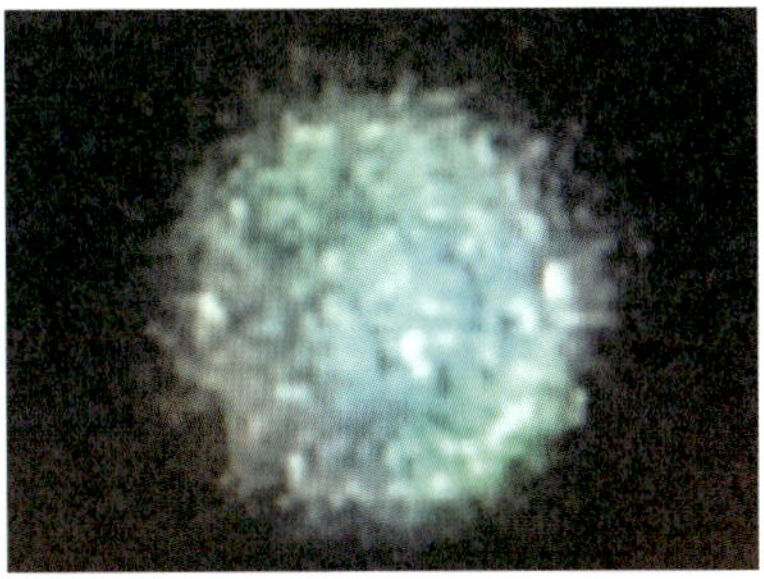

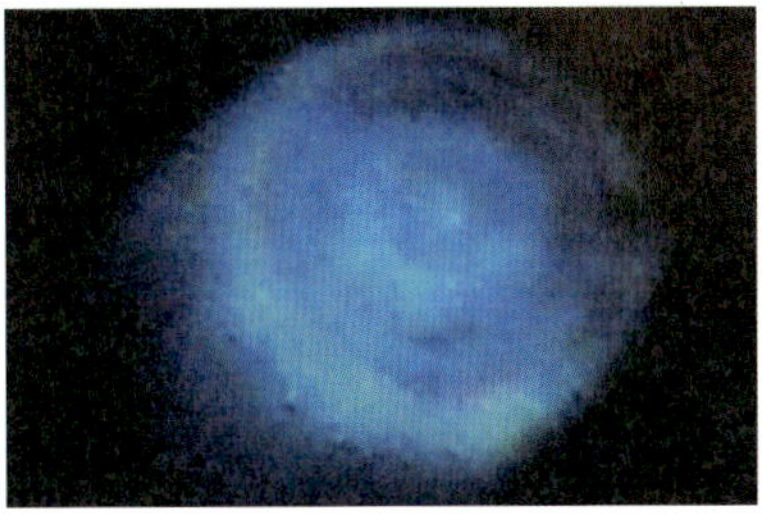
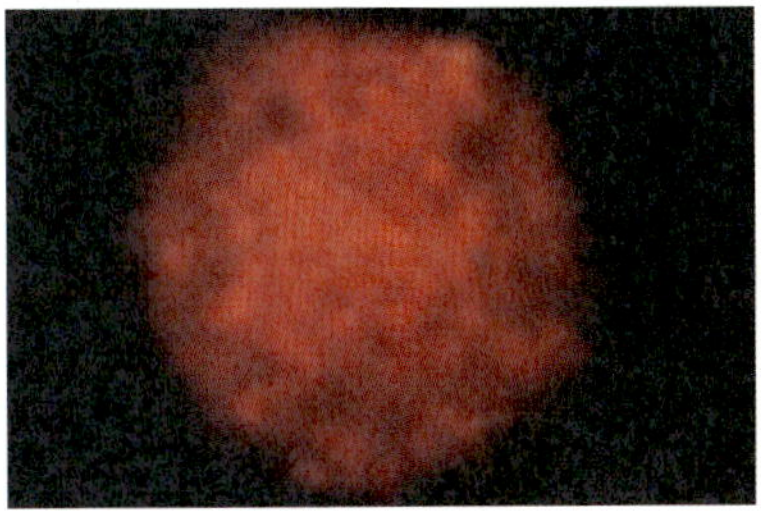

平成20年8月18日　水上　大峰神社にて

　夜景の美しさは心を和《なご》ませる。多くの先人達も同じように心を和ませてきた。自然が大事だということを皆がもっと自覚せねばならない。失ってから知っても、もう遅い。

平成20年8月31日　戸隠奥の院　手力男神より

　マッチ箱のなかに入ったような気がする。燃え立つ気持ちを抑えながら、最後のときを待つ。一挙に燃え出した。神も人間のこの瞬間を待つ。人は誰でも燃える瞬間があるはずだ。

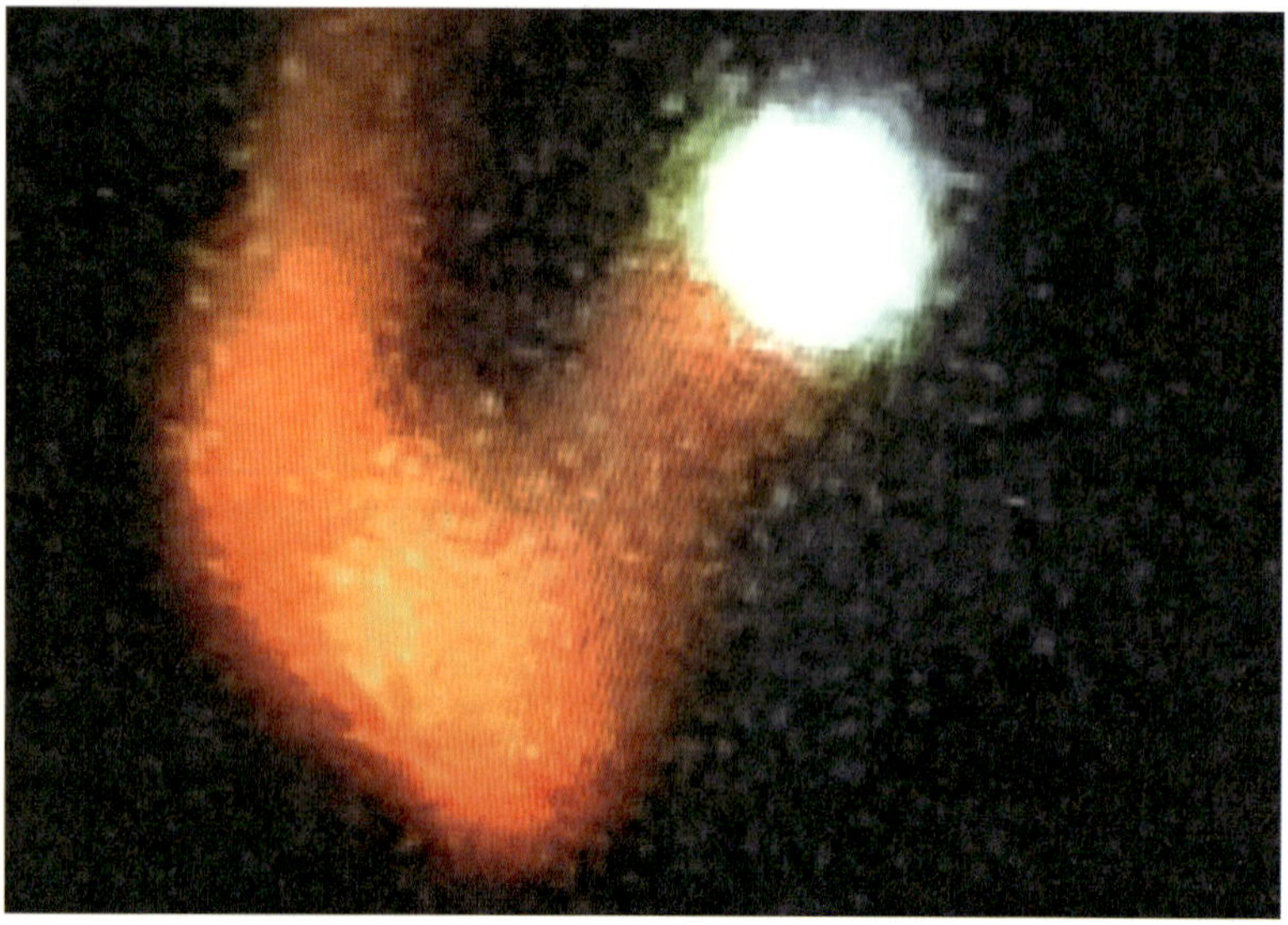

平成20年8月31日　戸隠にて

面倒なこともひっくるめてすべて感謝するべきことです。感謝したところから次の新しい芽がでてきます。

デコバージュのように重ねてみてもいい。必要な人生を積み重ねて一枚の美しいモチーフにしてみるということはすばらしいことだ。

平成20年9月24日

希望を捨てるな。にわかに鳩が飛び出していく。希望をいつまでもつなげるために。途中で留まる鳩もいるだろう。しかし、目的地は見失ってはいない。

平成20年9月24日　宮崎　まほろばの里にて
コンピューターが壊れていようと、人間の思考回路はそれ以上のものがある。

平成20年11月6日
共存できるパートナーは誰であろうか。従来の判断ではいけない。もう一段上がって魂のパートナーを探すといい。

平成20年12月4日
輝きの増す人生は、自分自身のものである。光を遮断してはいけない。その光でまわりを輝かせていきなさい。

平成20年12月21日　雲の写真より
千里の道よりもっと遠いところであったとしても、出会えるときは出会える。

はからずも真理と出会ってしまった。偶然ではない。

平成21年1月19日　北杜　増富公園にて

勇敢な挑戦はするべきである。そのときに湧き起こる勇気と信じる心、これが次の発展を産む。

平成21年4月28日　あぶくま洞窟にて

かがみ込んでなにを見ているのかね。死にかけた雀かね。恨むことも知らない、憎むことも知らない生まれたままの姿は羨《うらや》ましいかな。喜びを持って淡々と生きていきなさい。

ことごとく破壊された人類の希望、それを誰のせいにするのかね。

ズラズラズラズラと希望の光が連なっている。心もとない弱い部分もあるが、とにかくつながっている。希望を持ち続けなさい。熟知することが一番近道である。これを越えるには、神との距離を縮めることである。

平成21年5月8日　淡路島にて

将来の夢を目標として持つのはいい。しかし、目標はゴールではない。太陽のきつい光を遮《さえぎ》る傘だと思いなさい。日が陰ればまた歩き出せる。

平成21年6月14日　京都　清水寺にて

目標を見失うような大きな出来事があったとしても、必ず道は示される。

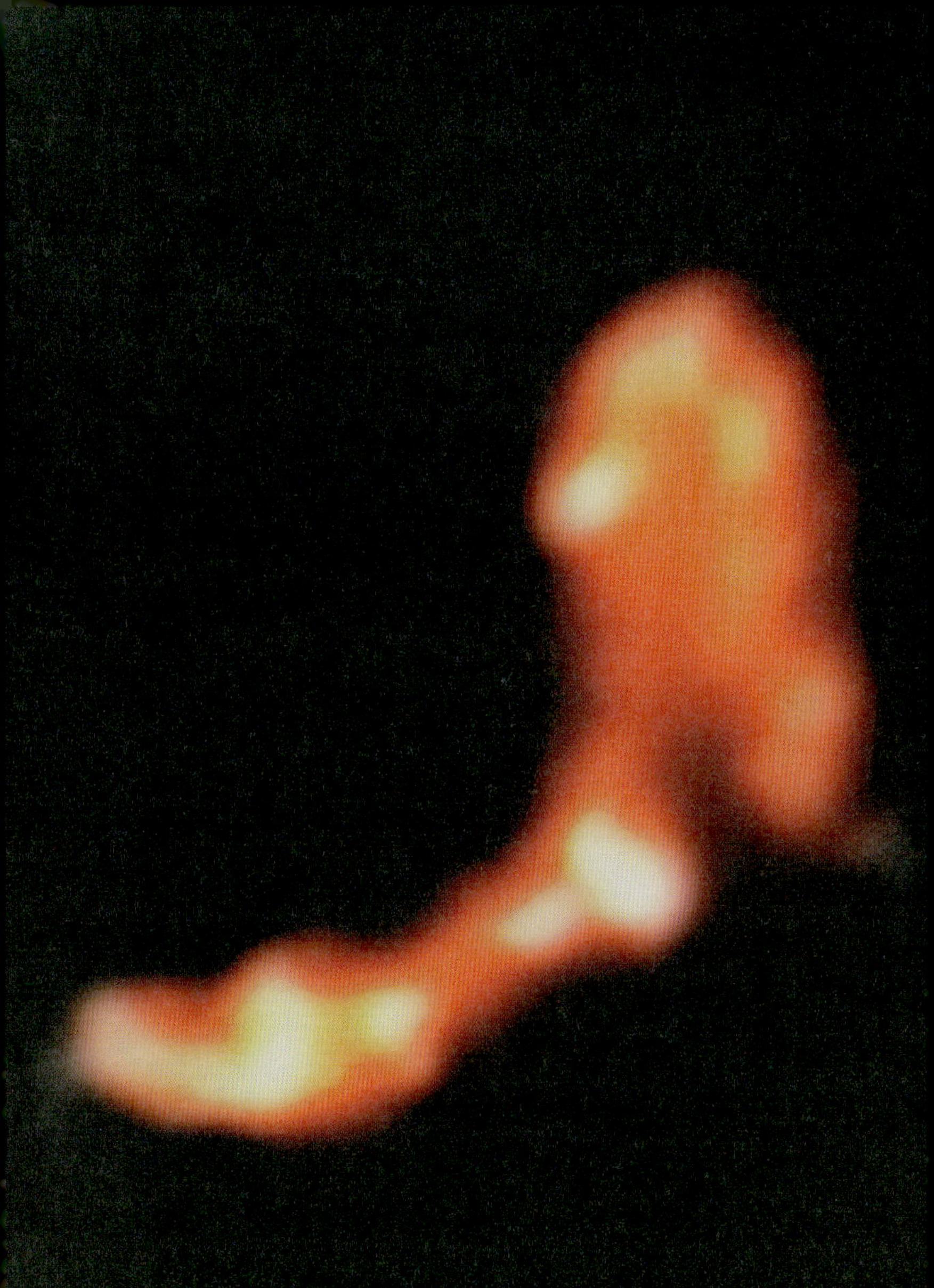

悲しみを喜びに

平成19年2月27日　雲の写真より

去りゆく者、追うことなかれ。人類の流れはすべて神の計画のなかにある。たとえそれが死であっても。いろんなことを乗り越えてきたではないか。悩みにぶつかっても、それも神の計画だ。逆らうなということではない。最大限の努力は必要。この世のマイナスと思われるところでぶん投げてしまう。まずはすべて神の計画だということを知ることだ。

平成19年9月26日　丹生神社、浅間神社にて

存続の危機に立ったと思うな。いい方向への練り直しじゃと言ったろう。練り直しには不要な部分は捨てる。よりよい物をつくるには、何度も練り直しして試していくだろう。それは無にするための試行錯誤ではなく、喜びを更に大きくするための作業だ。わかったな。

平成20年2月8日

人間どん底といって、生かされているではないか。本当のどん底は神を知らぬことだぞ。もっと深いどん底は神を知った後で否定することだぞ。

平成20年3月1日

そもそもの出発はなんのためらいがあったのか？　ゆだねることを覚えればためらいはなくなるのだ。この「ためらい」というのはカラスの餌にくれてやれ。

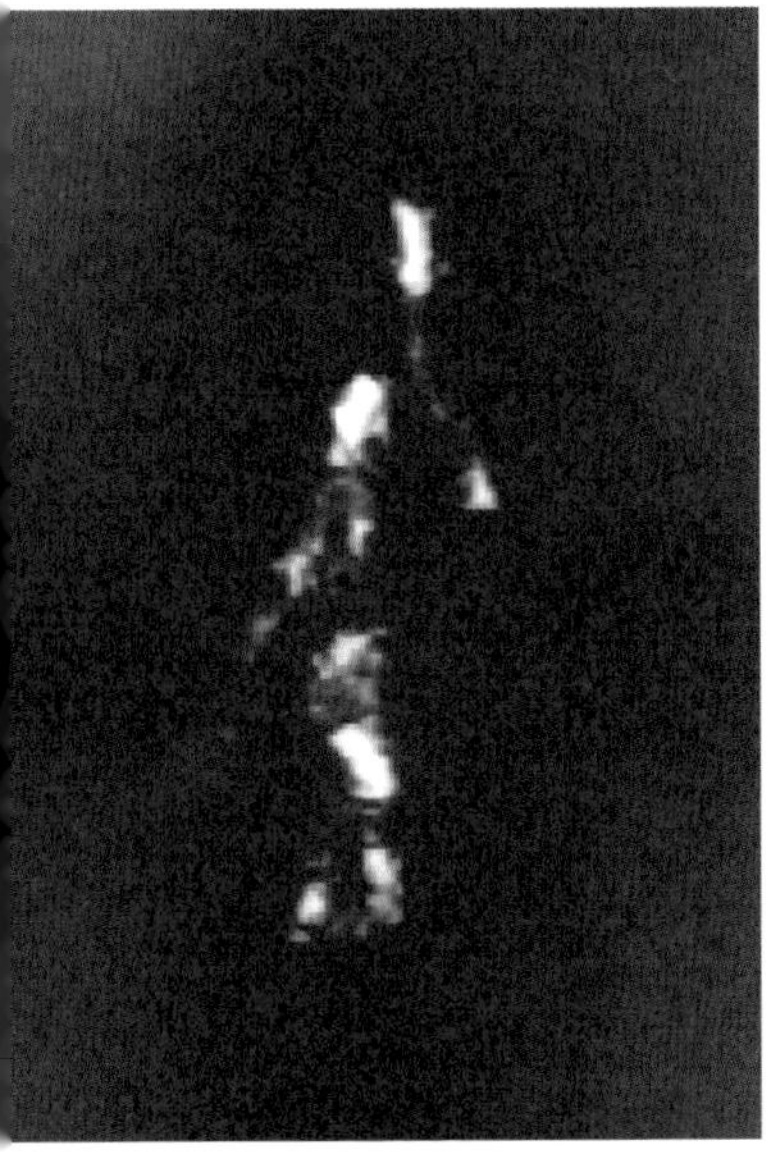

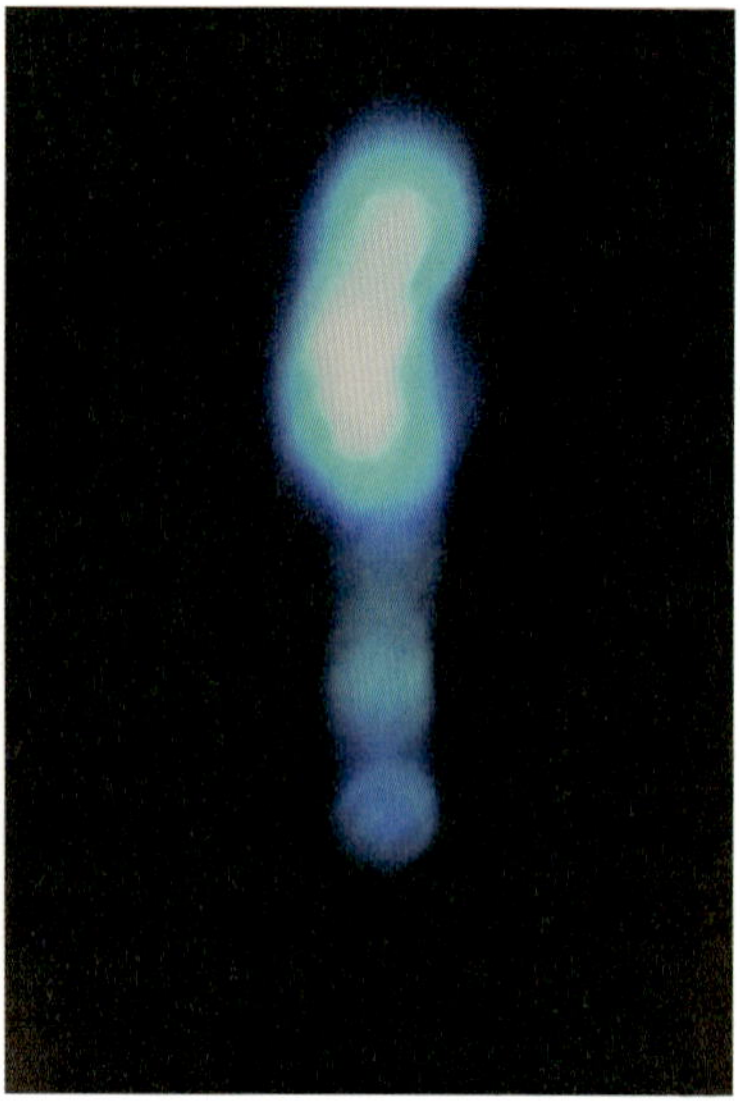

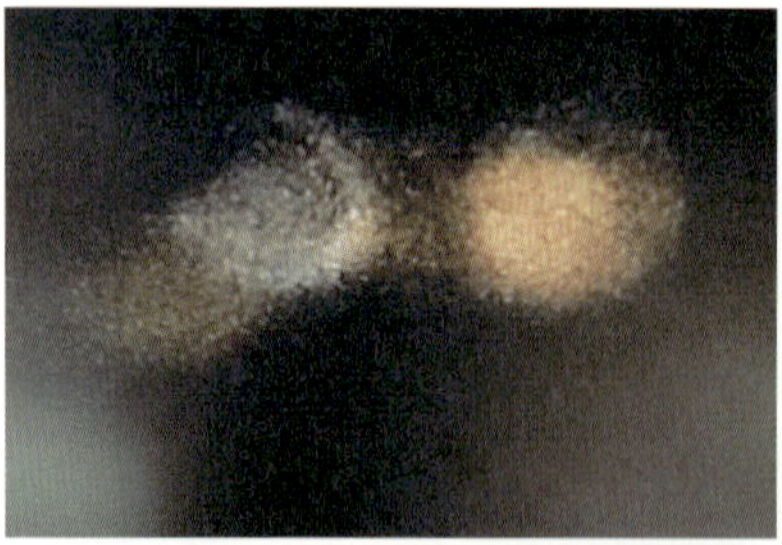

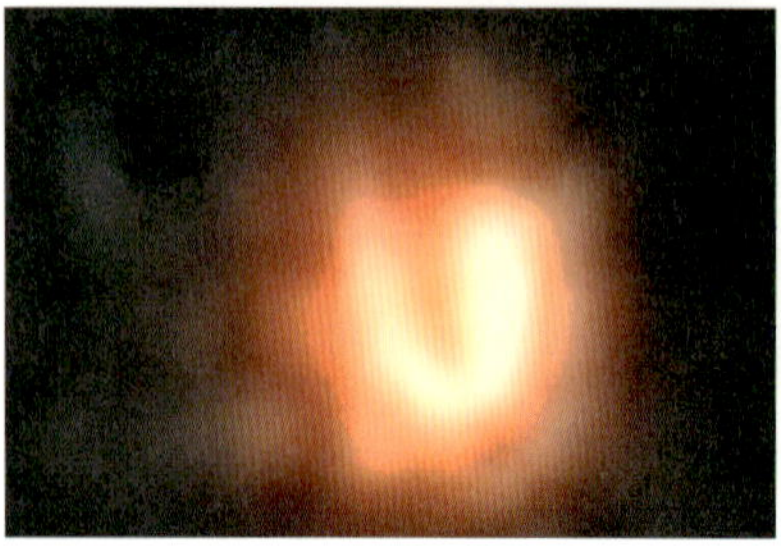

平成20年3月18日　筑波神社　随神門にて

記憶のなかにあるものは、よかったことばかりではなかろうぞ。しかし、それも人生の目標の一部なり。

平成20年3月30日　諏訪神社にて

元を正してゆけば源泉と同じじゃ。人間はなにが喜びとなるのか。その源をたどるのじゃ。

後退するような疑問を持つなよ。疑問を持つより、大きな希望を持て！

平成20年3月31日　山梨　玉諸神社にて

世界の果てに行ってみたい。そんな思いが募るだろう。構築した今までの人生をかなぐり捨ててまでもか？　地の果ては見方を変えれば目の前にあるぞ。地の果ては究極の幸福のことだよ。

平成20年5月24日

考えて、考えて出した結論であろう。最終結論は上からのアドバイスもあるのだよ。だから、失敗しても悩むな。喜びまでの過程であるぞ。

平成20年8月18日　水上　大峰神社にて

強力な引力によって支えあっている。そのバランスが崩れるならば、不和が生じる。そのことを知りながら、なぜ、不和が生じることをするのか。ズレが大きくなり過ぎているぞ。

平成20年8月18日　水上　菅原神社にて

勝負を挑みながら頑張る気力もなくなった。その背景にはなにがあったのか。注ぎ込まれる気力はさまざまな角度から入ってくる。心にふたをするな。ふたさえしなければ無尽蔵に気力は入ってくる。気力は充分に頂けよ。

嘆きの場所は滑り台に乗って滑って行き着くところである。嘆きを楽しむ方向に持っていかなくてはならない。滑り台は一度滑っても下から登ることができるだろう。

枯葉のように舞い落ちるものが見える。誇らしげに落ちて行く枯葉と違って、悲しみの塊のように落ちていく。悲しみ、苦しみは塊のようにしてはいけない。霧のように細かくして大地のなかに溶け込ませよ。大地に太陽が当たり、また新しい芽が出てくる。

平成20年8月31日　野沢湖　雲の写真より

底なしの井戸から水を汲んでいるような経験をしたことはないか。気づかぬままに、そんな一日を過ごしているときもある。それはなにもかもうまくいかなかった日のことである。見ている神も辛いぞ。心を広く持って視点を変えてみよ。

平成20年8月31日　戸隠　中社にて

ひょんなところから解決の糸口が見つかる。本当に解決しなければならないのなら必ず見つかる。そう信じなさい。神様を信じているように。

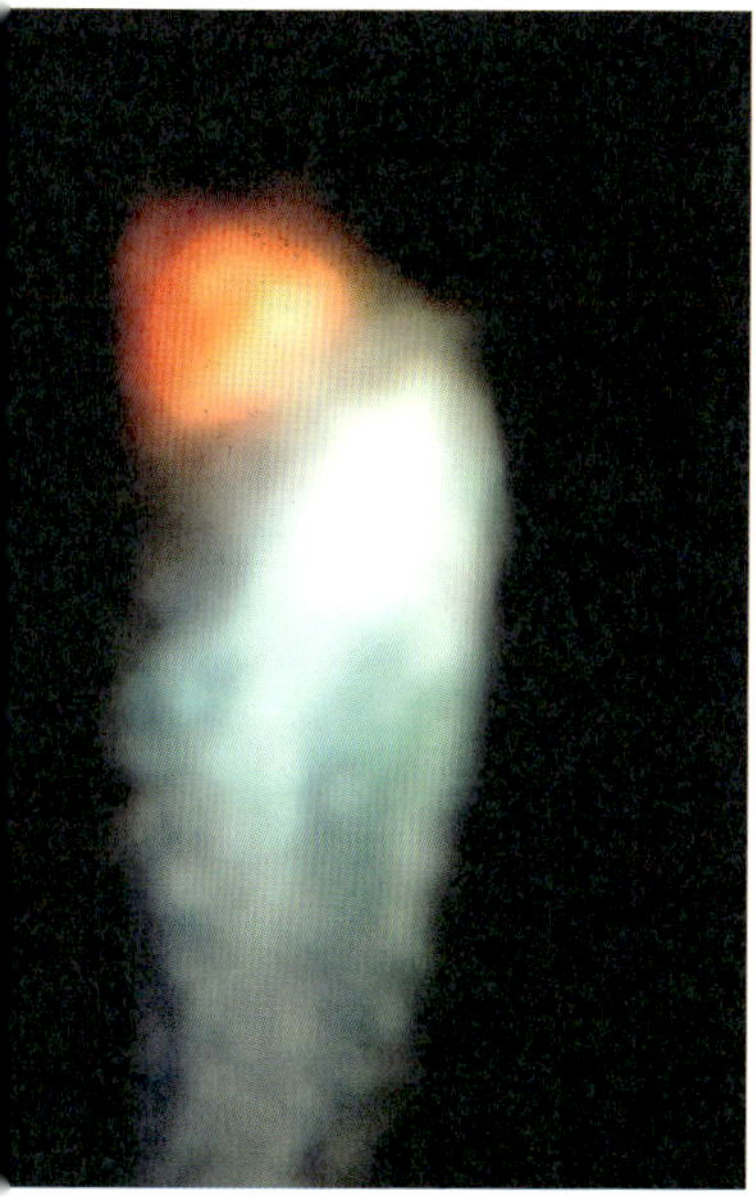

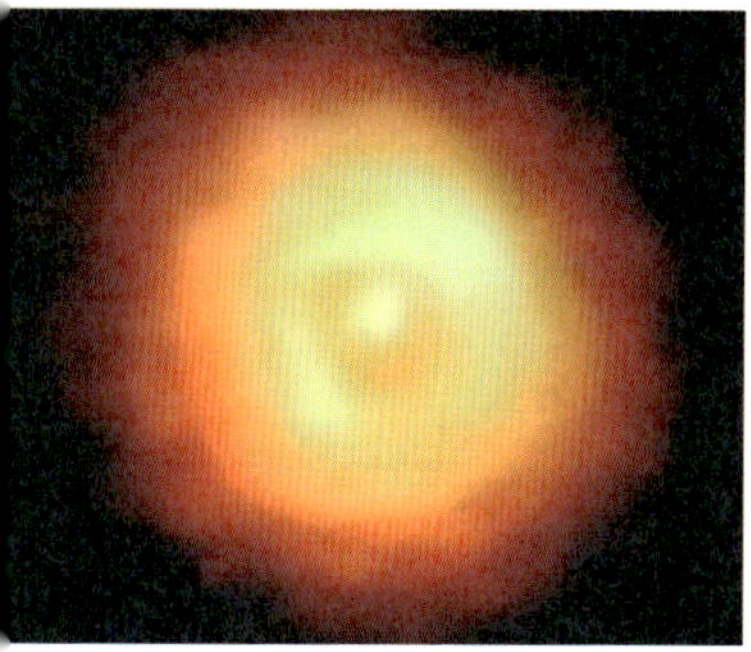

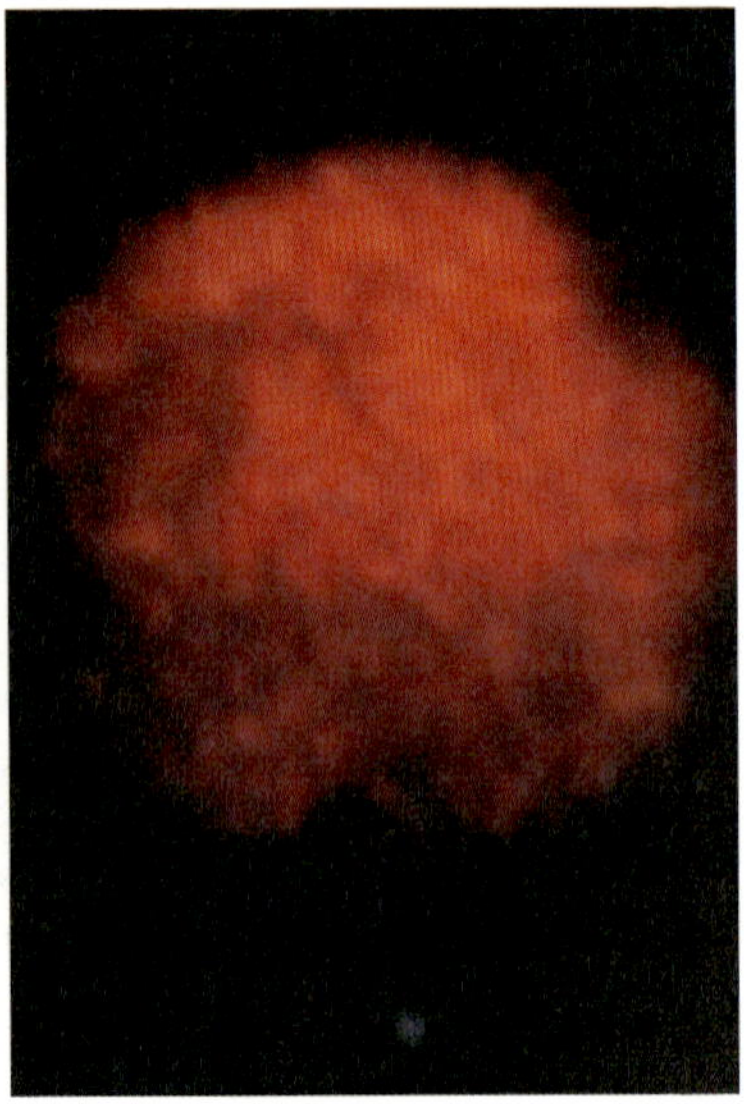

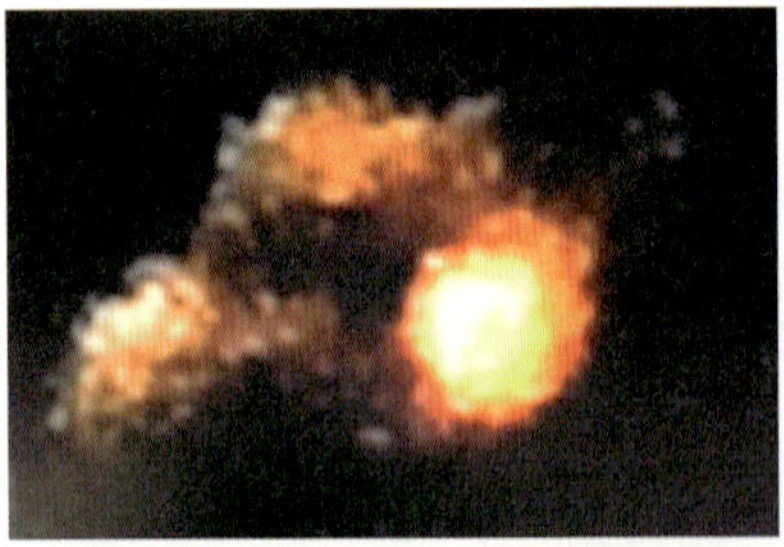

平成20年8月31日　戸隠　宝光社にて
千年の歴史を経てもなお、心の悩みは変わらない。それは、本来は悩みなどではない。なぜなら、悩みといわれるものを人間はこなしていく、神からの課題であるからである。

平成20年8月　雲の写真より
煌《きら》めく星座は美しい。人間の心も煌めけば全身が輝いてくる。いくらでも輝かせるのにどうして暗くしてしまうのか。

平成20年9月25日　鹿児島　照国神社にて
もしものことがあったとしても、それは驚くに値しない。大きな流れから見れば、ただの変化に過ぎない

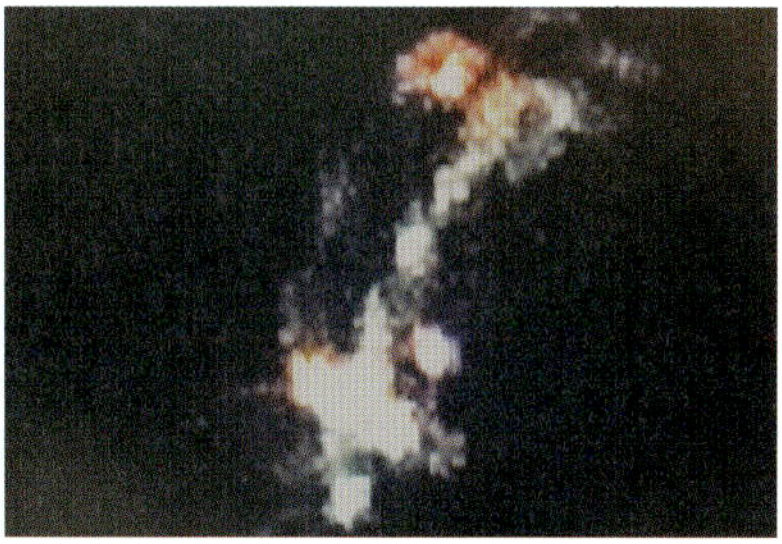
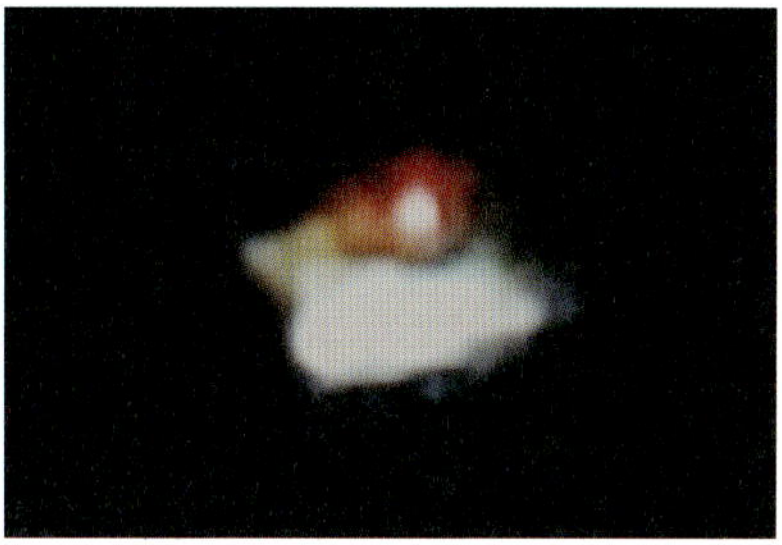

のだ。その変化がいい方に変化するように努力せよ。

平成20年11月23日　七渡神社にて

恨みの残る胸中は穏やかでないなぁ。人生の生き方をどこでどう学んだのか？　今からでも遅くない。感謝が胸から溢れ出る生き方を教えてくれる達人を見つけよ。

平成21年1月10日

物憂げな顔でなにを見つめておるのかね。人生の別れ道というような顔をしておるではないか。そんな顔をしているから別れ道を目の前にして悩むのだよ。別れ道は希望の方にしか、舵を取らないんだよ。

平成21年1月
弱音を吐くな。厳しい世になればなるほど、訓練のときだと解釈しなさい。

平成21年2月16日　佃島にて
病めるときも、心まで病むな。

平成21年2月16日
消極的な世界に入り込むと抜け出られないぞ。下では網を張って待ち構えている。わかっていてみすみす網に落ちていくのか?

平成21年4月28日　あぶくま洞窟にて
深刻な顔をしてはいけない。表情は喜びの方がいい。

難しく考えるな。純朴な物には、それだけの強いエネルギーがある。そのエネル

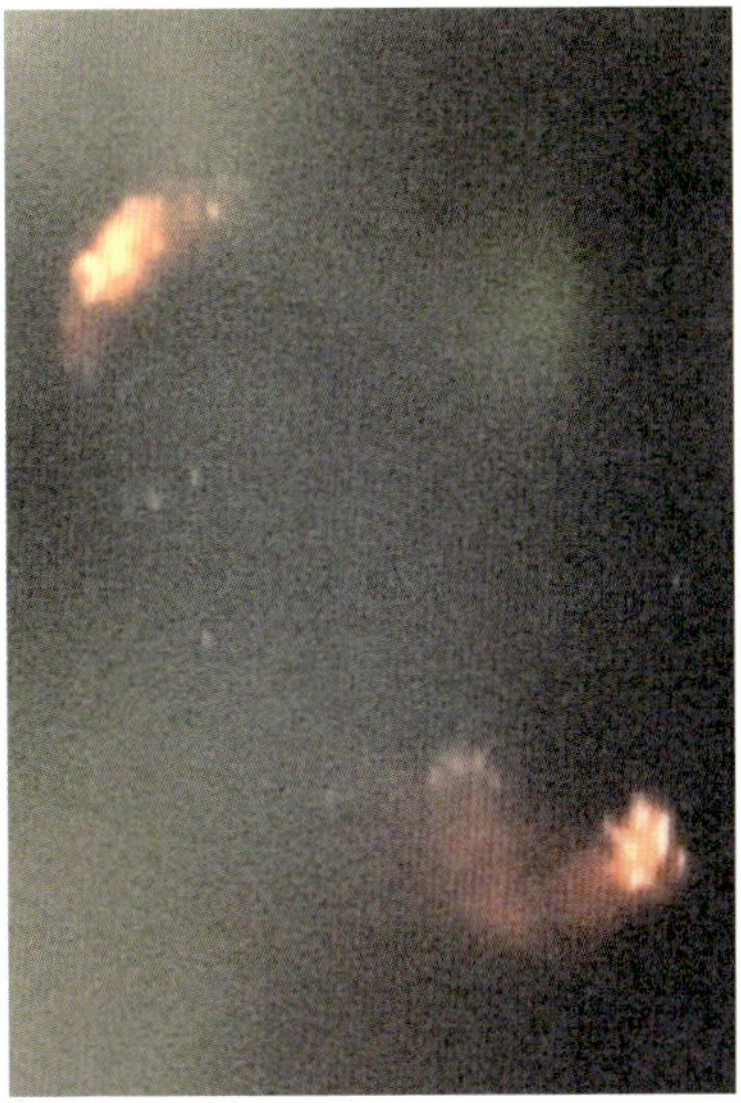

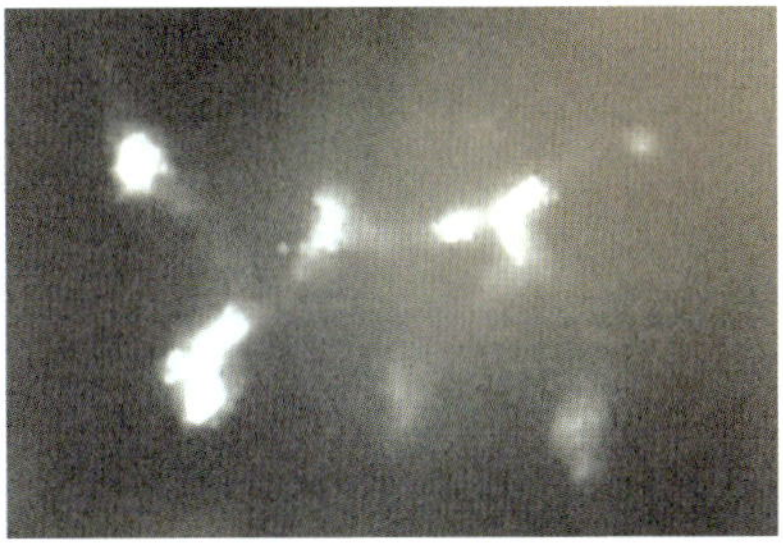

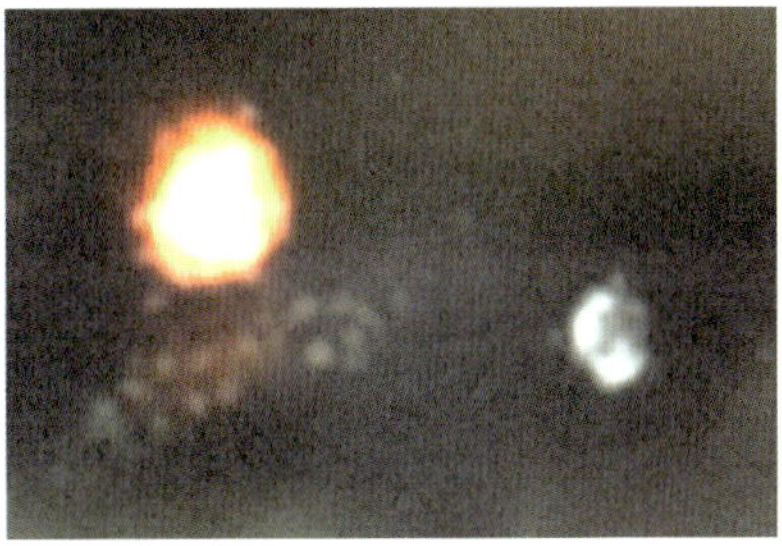

ギーは人をも癒す力がある。

マイナスのイメージは持ちやすい。マイナスがあればプラスがあることを忘れるな。

膨れ上がる思いを実らせてみなさい。現実化すると自信がついてくる。

平成21年4月

何世代にわたる人間の歴史は無駄なものではない。「無駄」は無駄だと思う人間が無駄を生み出す。逆にどんなときにも喜びに包まれていると思えば、喜びが体を包んでくれる。

優しさ豊かさを備えている自然は大地の母だという。しかし、その大地には、いろいろな苦しみも、悲しみも吸い込んでいる。優しさや豊かさで消し去ることを知っている。

平成21年5月15日

去りゆく者の後には、なにがついていくであろうか？　希望が詰まった袋か、それとも、不安な袋か。希望は光、不安は闇、どちらも人生には必要かもしれない。強くなるために。

平成21年5月18日

しっかりとした足取りで歩みはじめた。その喜びを今は忘れている。しかし、大地は一人ひとりの足取りを知っている。

平成21年6月14日　京都　清水寺にて

深い悲しみのなかで悟り開くものがある。そうすると、それは悲しみを乗り越えたとき、あなたの宝となる。

姿を探すけれども、あなたはいない。隠れているのか？　それとも、心がないから姿が見えないのか？　そんな悲しいことはしないでくれ！

平成22年3月14日

小骨がのどに詰まったように違和感を感じる。思い込みの生活が、その人の人生を実際のようにつくってゆく。しかし、それは虚像の人生となる。虚像の人生をいくらつくっても、魂は喜びを感じない。虚像は無である。有である生活をしていきなさい。

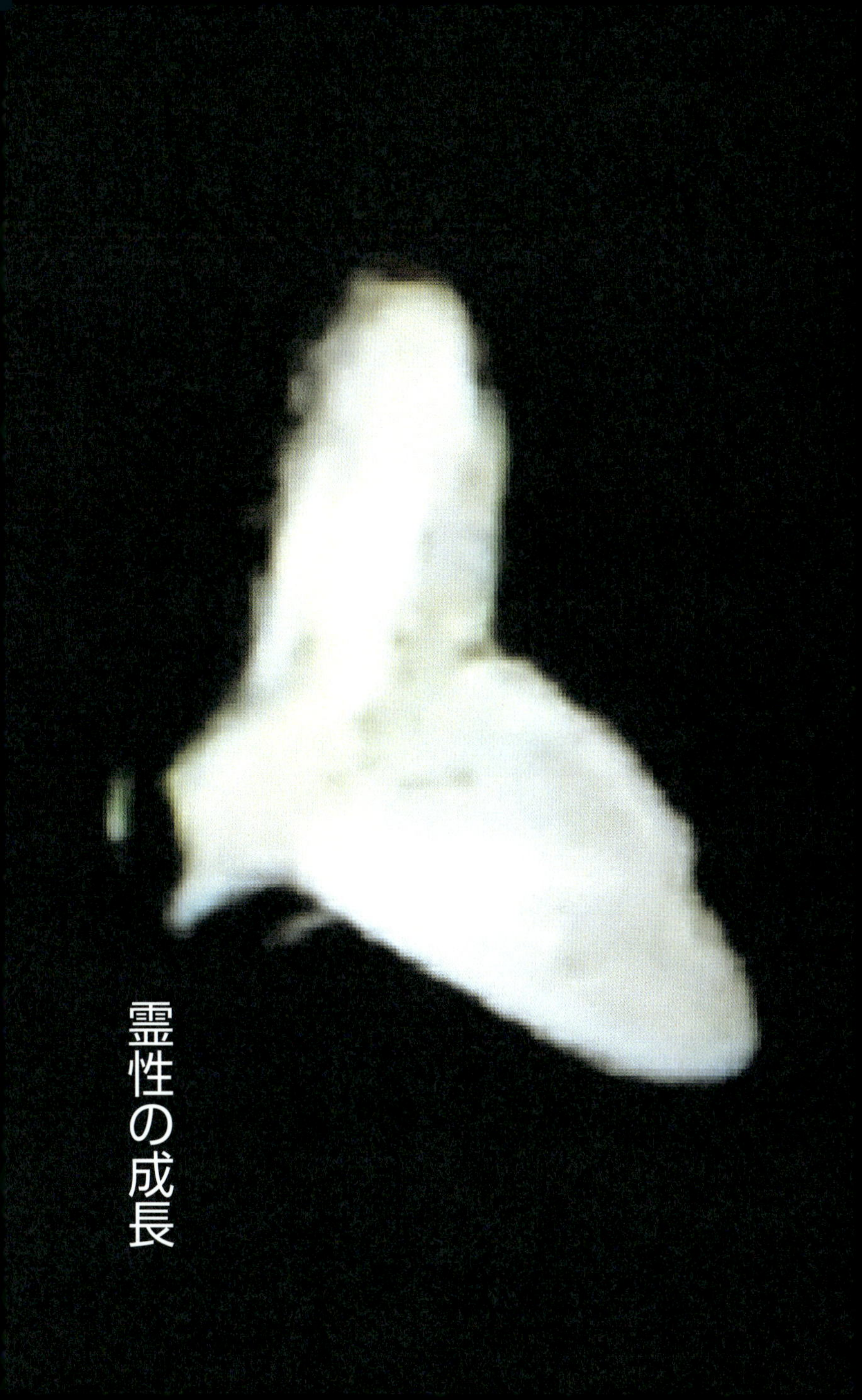

霊性の成長

平成19年11月3日　菅原道真公より

世界の動向を見よ。なにやかやと動いておるが方向はバラバラだぞ。これではまとまらん。本当の指導者がいなくなったからな。しばらくは気づかんだろう。そのあいだに技術を磨け。そして神々を起こしていくのだぞ。

平成19年11月12日

完璧を目指そうなんて時期が早い。人生の曲がりくねった道をもっと味わいなさい。衝撃的なことも受け入れねばならぬこともある。指のあいだからこぼれ落ちるような、そんなたやすい物ばかりではないのだ。ときには手にとどめて、重いもの、痛いものもある。独りよがりの判断は怖いもの知らずだが、罠に陥りやすい。

平成19年12月3日

尊厳死という言葉がある。なにを中心に尊厳としているのか。自然の摂理に照らしあわせて考えてみよ。魂の問題である。もっと魂と向きあうべきだ。

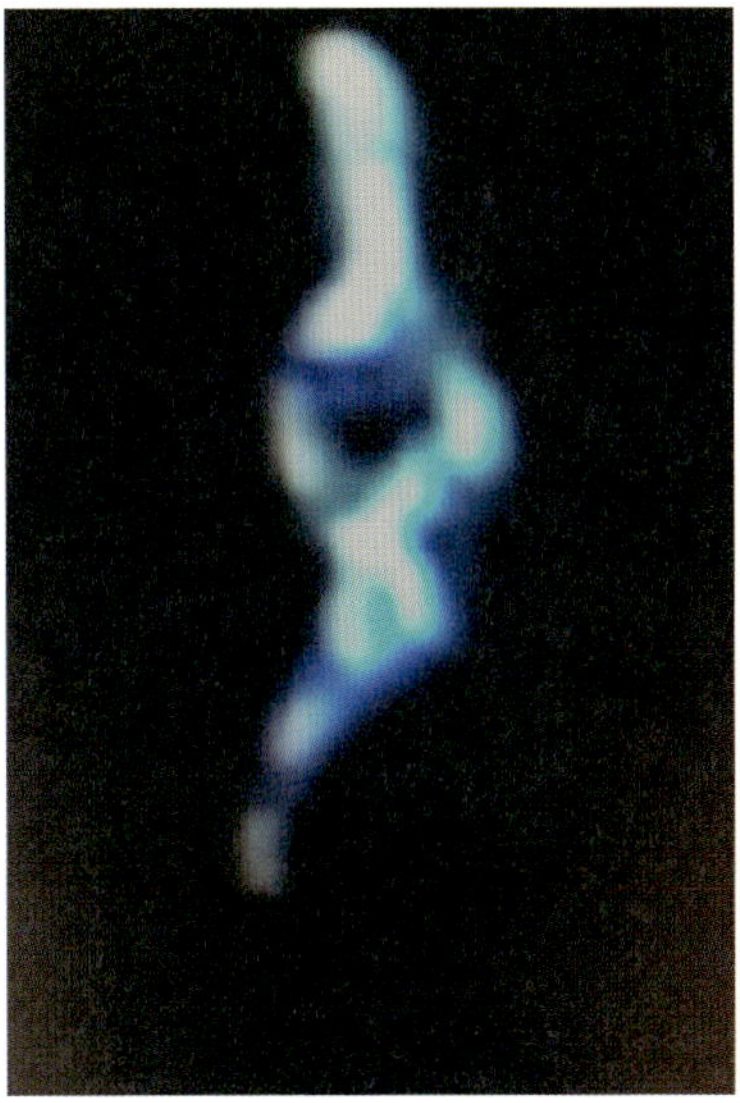

平成20年1月3日　雲の写真より

子供のころからのいろいろな出来事はすべて導かれたものである。人間の生まれてきた目的を遂行するために。霊的進化をしながらな。

存続の意味はわかっておるかね。人間が永らえているということはすべてが自分の成長のためだ。命を取られては私らの方が後悔する。これを機に一気に成長してくれよ。

平成20年3月11日　白髪神社にて

明暗を分ける大きな出来事が押し寄せてきた。人類の選んだ道である。布石を打とうとしている者たちも

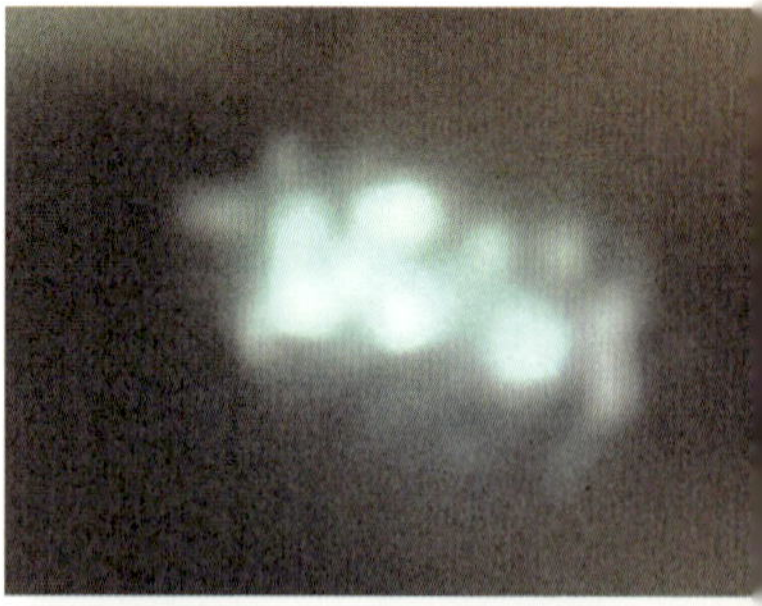

いる。あともう少しだぞ。

平成20年6月14日　玉置神社　玉石社にて
強烈な勢いで計画が進んでいく。のんびりしていても、ちゃんとそのなかに入れてやるぞ。その条件はただ一つ、天に心をあわせておれ。

平成20年8月16日　雲の写真より
崇高な精神の流れをくむ者たちよ！　我とともに歩み、我とともに呼吸する。そしての息遣いのなかに生涯を終える。

平成20年8月3日　雲の写真より

一つとなることじゃ。一つとなることじゃ。人間はな、なかなか一つになれんのじゃ。人の鼻をへし折るという我欲が出るわい。人間には人の我欲は取れんわい。鼻をへし折ることのできるのは、我欲のないもの（神）だけじゃ。

平成20年8月31日　戸隠　中社にて

優雅な佇《たたず》まいに見える物であっても、いつかは朽ちる。しかし、その優雅な佇まいは、懐かしいまま心に留まるであろう。存在すら忘れられる者になるな。

平成20年8月31日　野沢湖の雲の写真より

やっかみが多くなると波動にズレがくる。ずらしたままにしておくと厄介になる。悪なる波動は沁《し》み込んでしまうことがある。沁み込んで広がるまでに、吹き飛ばさなければならない。

平成20年8月31日　戸隠　奥の院　手力男神より

清らかな魂でいたいなら、神との触れあいをできるだけ多くしなさい。どうしたらいいかって？　心のなかで話しかけなさい。

平成20年8月31日　野沢湖にて

ぼやきながら物をつくるな。できあがった物は見事にぼやきのエネルギーの入った作品になるぞ。わかるな。子供を育てているときには、ぼやきのエネルギーを注ぎ込んでいることになる。ぼやきのエネルギーは体のなかに黒い塊《かたまり》になりよる。

平成20年8月31日　野沢湖の雲の写真より

人間は壁をつくるのが好きだなぁ。壁をつくると全く向こうが見えない。それでもいいのかね。壁をつくるのが好きな者は、霊界に行けば大変だぞ。まず、取り壊す作業が大変じゃ。

平成20年8月31日　戸隠にて

ソロモン王のように独裁者になってみるとよくわかる。信じられる者がいない。信じる者、愛するものがいなければ、魂の成長はあり得ない。

ともあれ現在はそのままにしておれ、生きていく上に必要な過程もある。それを無視してまでしていくと、どこかでねじ曲げられるぞ。

今までのいきさつをすべて述べないと信じられんのかね。最初は不信から入る人は大変だな。不信から入ると真実もまた、不信グループに入ってしまう。すると不信の回転数が大きくなるぞ。

損害を被ったと考えるかね。損害とはなんなのかを考えてみなさい。なにを基準に損害と考えるのか、魂の落とし穴なのだ。打者のように打ち返してホームランを打とう。それは喜びとなり感謝できるようになる。

平成20年9月23日　熊本　阿蘇神社にて

問題が山積みになっているとはなぁ。過去生の問題も場合によっては解決をしていかねばならない。そうすることで少しずつ生き方が変わる。

美しさは魂の澄みきった者にしか持つことはできない。化粧でつくられた美しさは悲しむべきものがある。魂には化粧できないぞ。

平成20年9月24日　宮崎　まほろばの里にて

希望号はもうずっと、この宇宙を走っている。魂を磨いたものしか見えぬ。磨く術は己が知っている。

子供のころの傷が癒えぬままに年を重ねた。その傷はいつ解放されるのか?　その

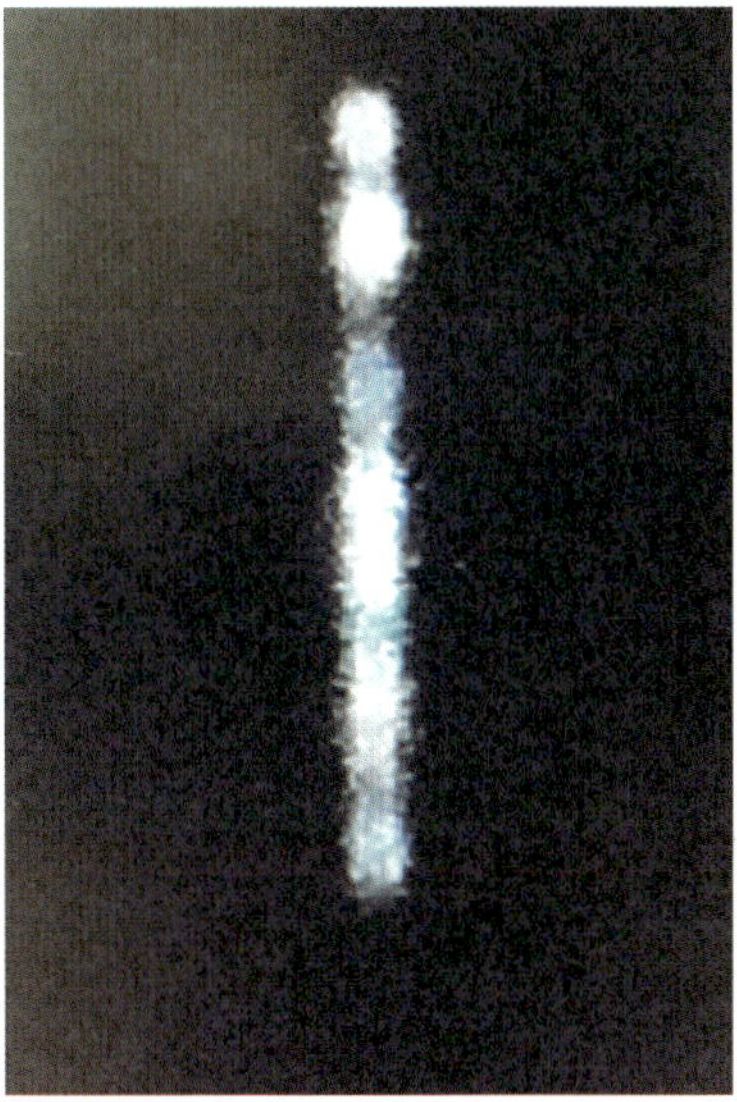
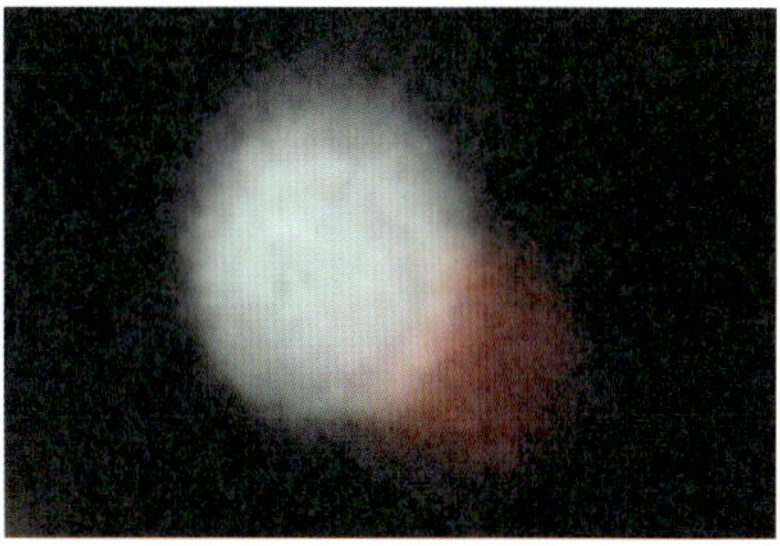
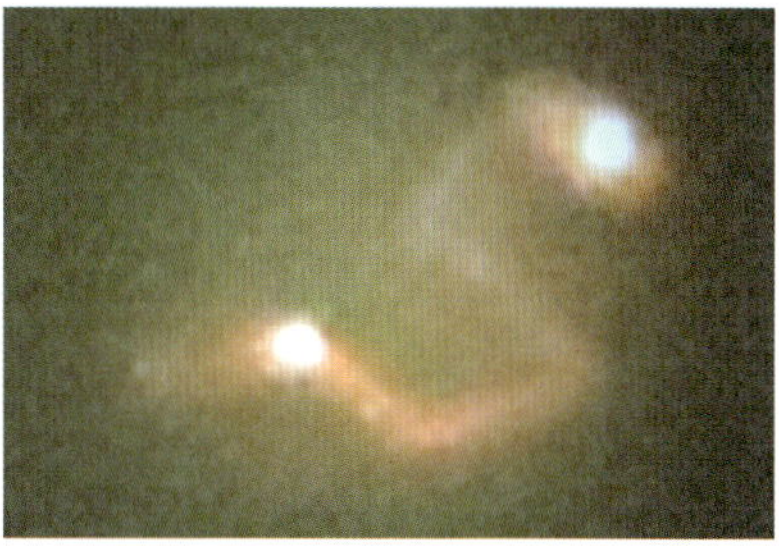

カルマを背負ったまま一生を終えてはならない。今のときを感謝で越えなさい。

平成20年11月6日
生き残りをかけて、求める楽園はどんなところであろう。それは求める人間にふさわしいところである。

平成20年11月23日
完璧などありやしない。人間界の完璧はちょっとした息抜きの休憩所である。魂の完璧なんぞありえないぞ。

どうにもこうにもならんぞ。現世の姿は仮の姿だと？　仮と思うな。現実である。この姿がない限り魂

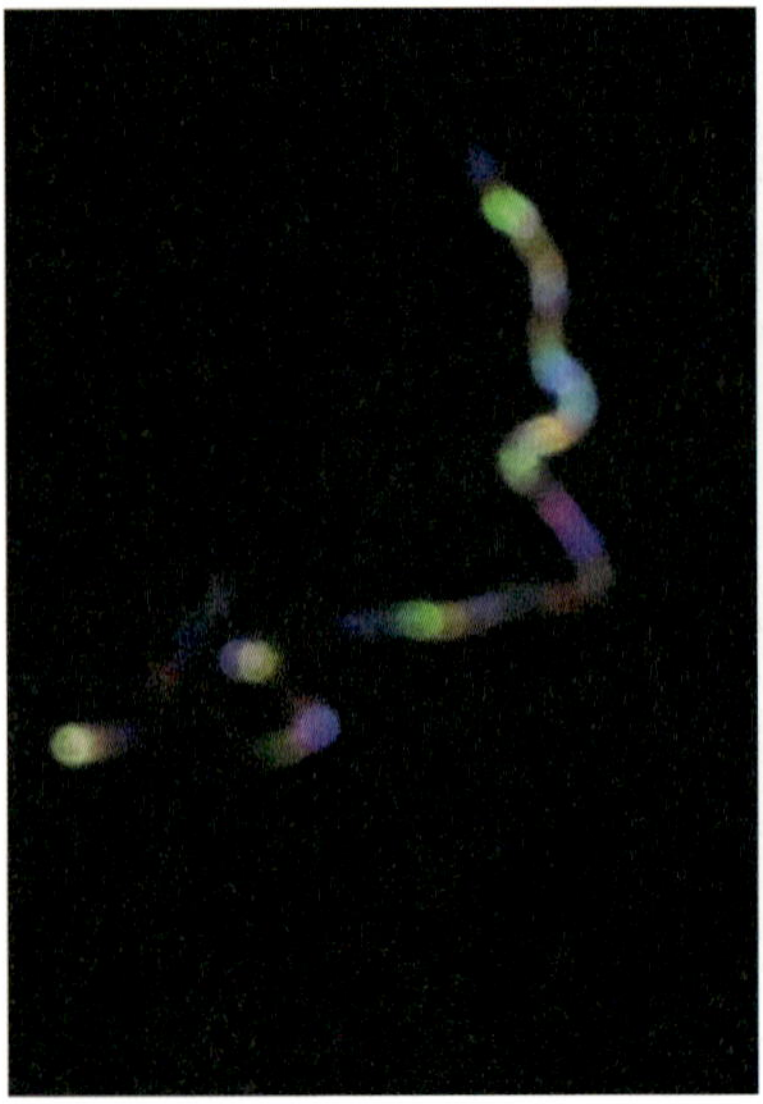

の成長が不可能である。

平成20年11月23日

こそがれていく岩肌に人間は太刀打ちできまい。しかし、自然は教えてくれる。人間本来の姿を。

平成20年12月4日

喜びの後に来るのは苦だと？　苦なんぞなにもない。自分のエゴが反映するぞ。

平成21年1月6日　雲の写真より

光合成のエネルギー（フォトンベルト）が地球を取り巻く。そのエネルギーとお前たちのエネルギーがドッキングするのだ。その日のために、エネルギーをもっと高めよ。

平成21年1月18日

しゃかりきになって、神との距離を縮めようとして、それはできまい。そこには霊の進歩というものがはだかっているからな。丁寧に神と問答せよ。

平成21年1月19日　身営岐神社にて

完璧を目指しても無駄だぞ。完璧は限界があるのだぞ。完璧を一通過点とせよ。

平成21年1月19日　北社にて

協力なしではやっていけぬ。肉体と霊人体、自然と人間、人間と神、協力はいろんなところにある。

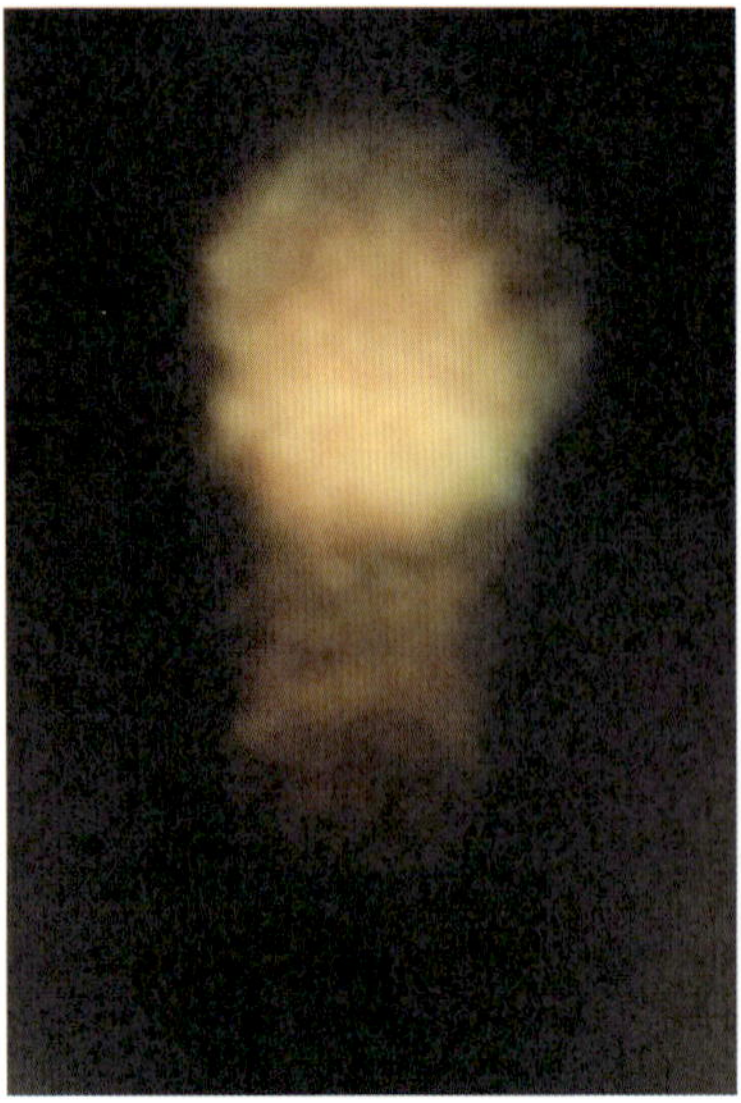

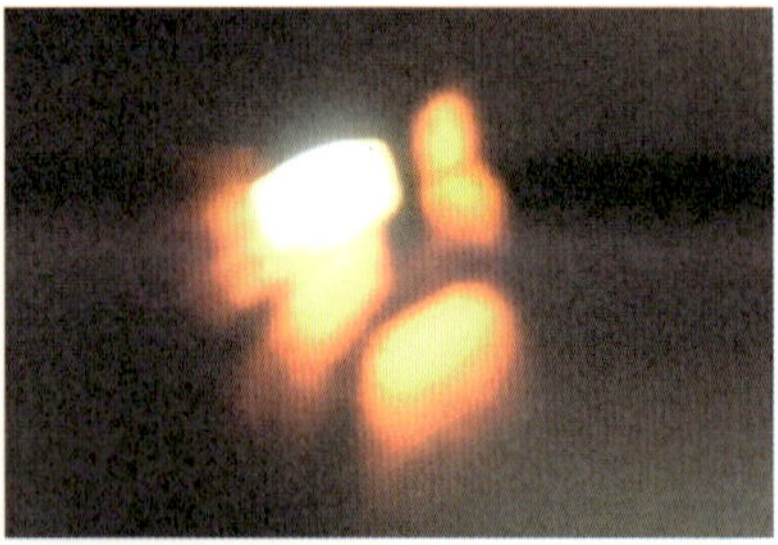

平成21年2月16日　佃島にて

輝かしい人生も終りにくると、くすんで見えるらしい。そうなりたいか？　誰もそう望まない。実は、そのために若いときから魂を磨いていくのだよ。

平成21年2月16日

物《もの》憂《う》げな顔をして、人生を歩もうとしてはいけない。マイナスエネルギーに取り囲まれるぞ。

平成21年3月19日　岩戸別神社にて

生涯の伴侶を得る者は心してかかれよ。共に魂を磨きあえる者がいい。そうすれば早く階段を登っていけるであろう。

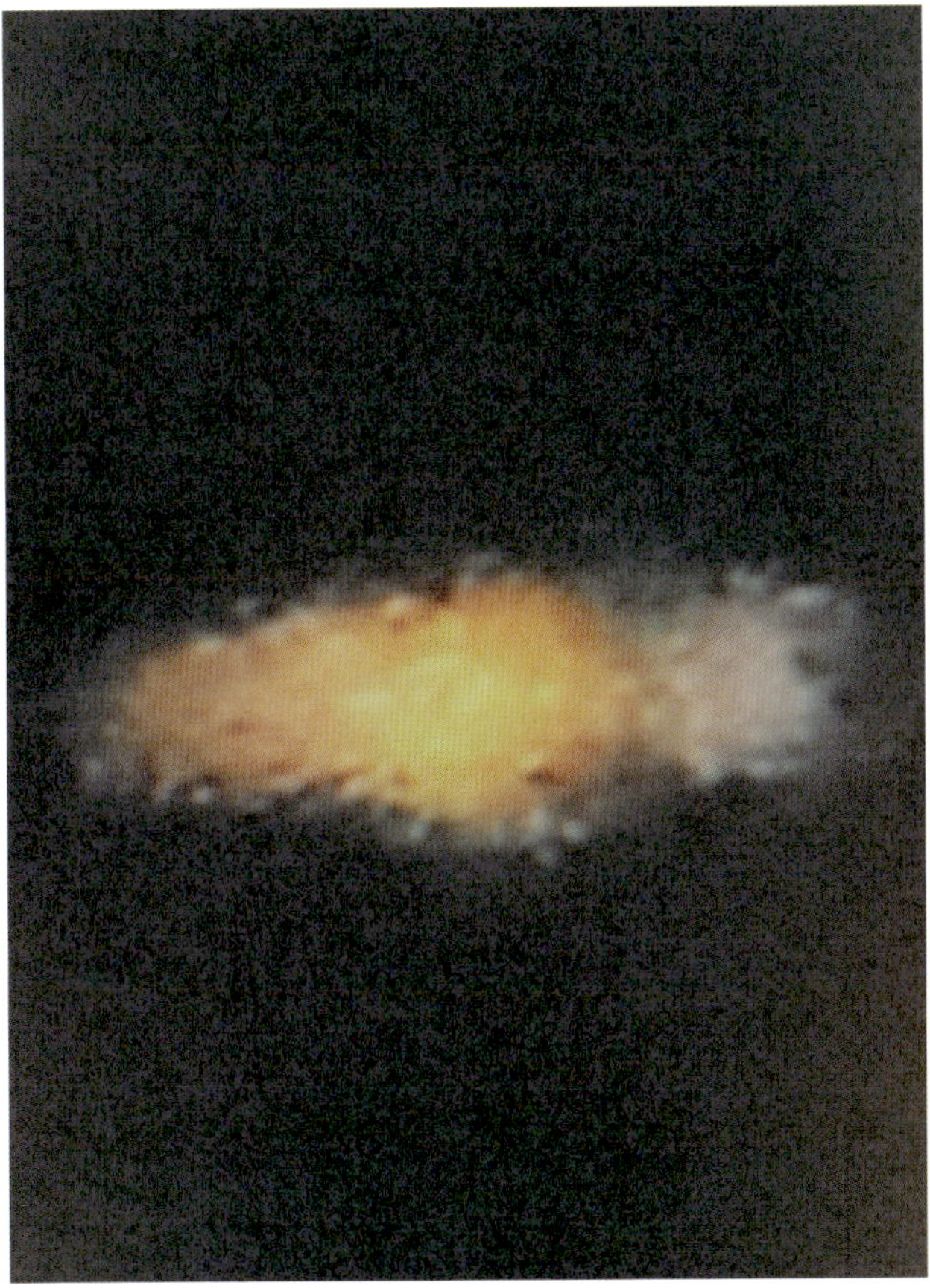

お前はな、形だけできたと思うておるか。いいことも悪いこともお見通しだぞ。果物は中身が腐るとダメであろうが。何度も言うておるが魂を磨けよ。

平成21年4月28日　猪苗代湖にて

明らかに違いが出る。魂に意識を持つ者と持たない者との。

平成21年4月29日　いわき海岸にて

この世のひずみは大きいのう。荒れ狂う海に漂う小板である。その小板を見つけて拾い集めることからしなければならぬ。

平成21年4月28日　あぶくま洞窟にて

こともあろうに、大きな重荷をしょって来たなぁー。それを隠れ蓑《みの》にしているのか？　心の霊《たま》を磨けば、そんな必要はない。

悟りの世界が充分な扉を開ける。扉のなかは愛でいっぱいである。

からくりのない世のなかになるといい。人間の思惑は膨れ上がるばかりである。思惑を一つずつ外していきなさい。

平成21年5月8日

眠りのなかではいつも自由にできるが、現実ではなぜ自由にできないと思う? それは創意工夫が足らないことと、現実をしっかりと生きていないから。生きるということは魂の輝きを大きく、強くすること。それを怠っては生かされている意味がない。魂の輝きを知る人こそ、己を知ることとなる。

平成21年6月14日　京都　清水寺にて

人間の煩わしさがある。しかし、その制約が魂を磨くのに必要なものである。

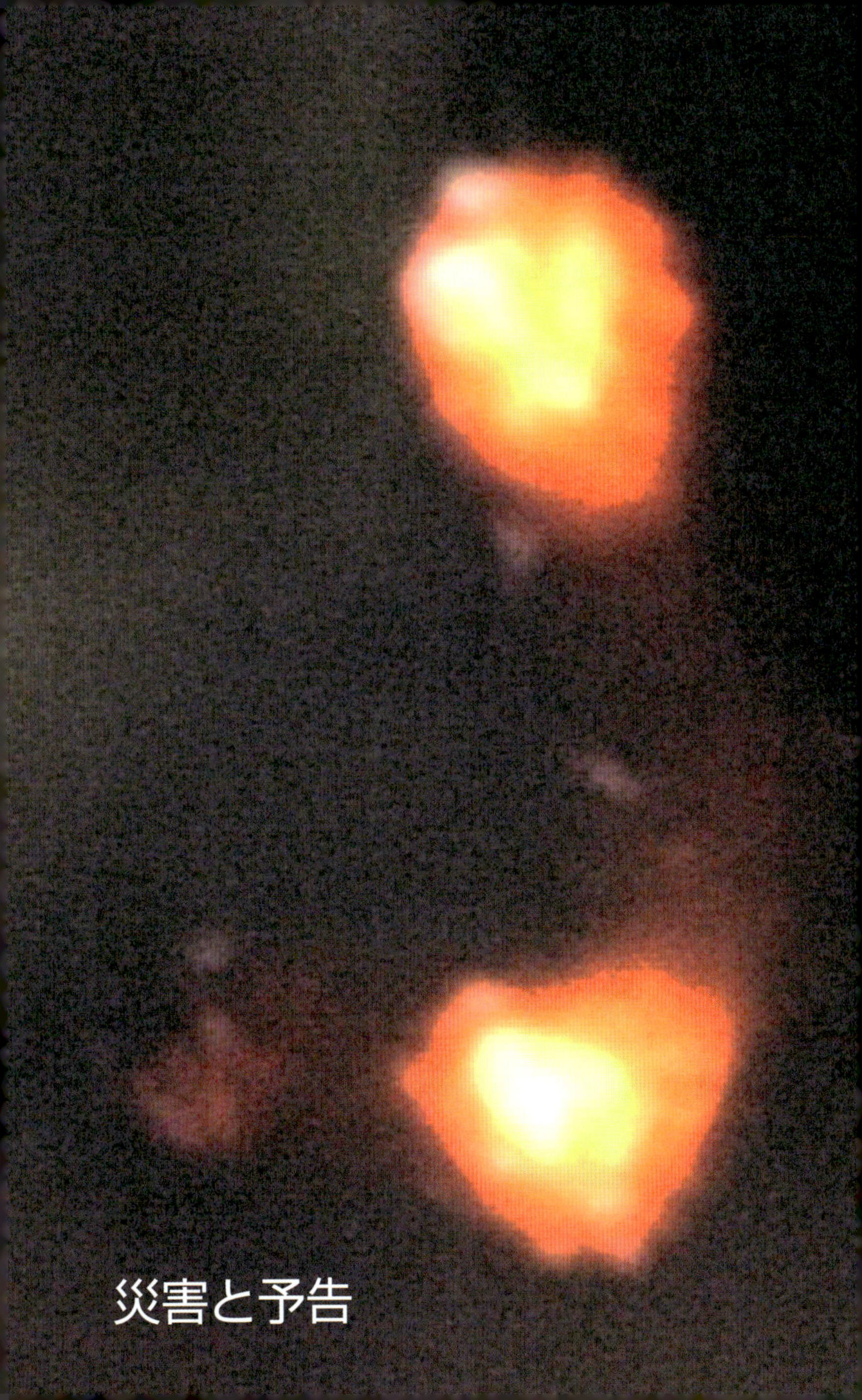

災害と予告

平成18年4月13日　真名井神社にて
東京の空は渦が巻く、大きいもの小さいもの上も下も震え止まらず。
水の神の勢いは、ますます強くなるであろう。掃除せよ！　掃除せよ！

平成18年9月28日　玉置神社にて
弥勒の世はいつ来るかと待っておるな。知らせてやりたいと喉元まで来てるなれど、言われんでなぁ〜。これからどんどん掃き清めていかねばならん。掃除すればきれいになるじゃろ。だんだんきれいになることがわかってくるわな。
毛が逆立つほどおぞましいことがこれから起こるだろう。決算期だからしょうがない。
その意味をしっかりと心に入れとけよ。

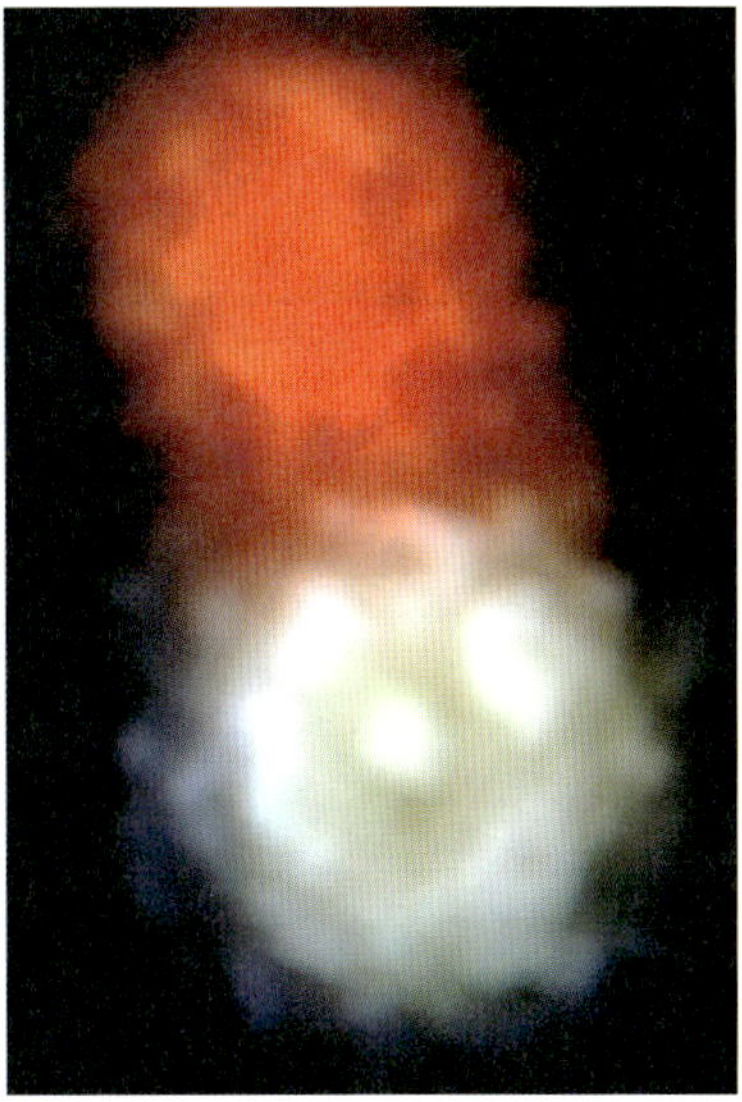

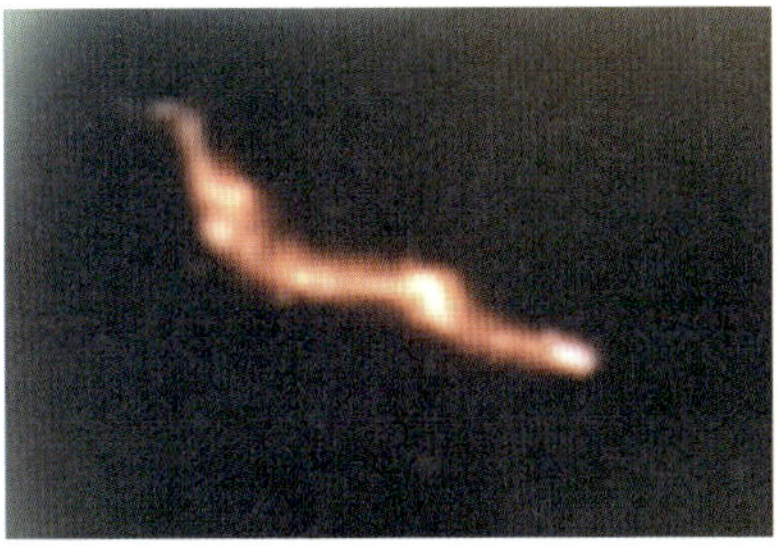

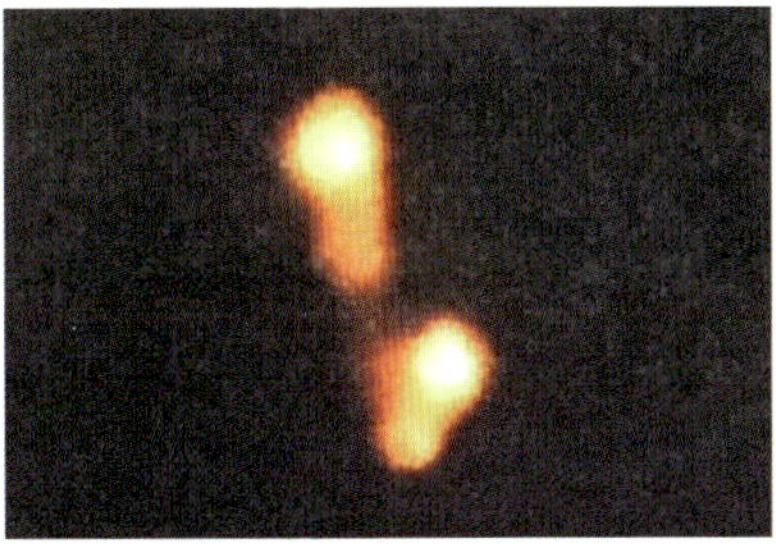

地軸のずれ、心のずれ、それぞれ直していくぞ。完全にずれがないところまで直していく。大掛かりな治療じゃ。

充分な休息をとろう。人間の経路に似た川がある。大きさも長さもすべて計算され尽くしている。しかし、一度《ひとたび》災害が起これば、形は変わる。元の形を思い出すことすら難しくなる。お前たちも利己的災害で経路に支障をきたすなよ。

平成19年12月2日　沖縄の空より

今日のこのことは揃ってお出ましになるときの予告である。これからのことを踏まえた上で我々は予告をする。このことをよからぬ思いで捉えようとする者も

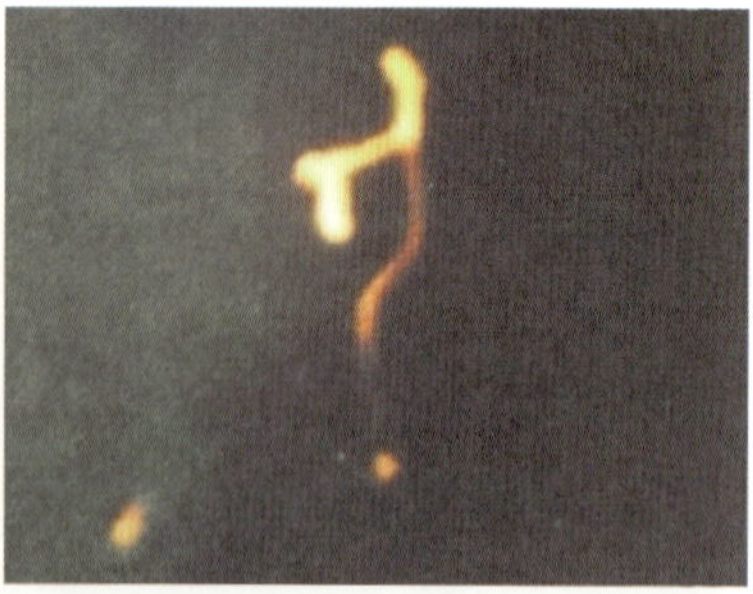

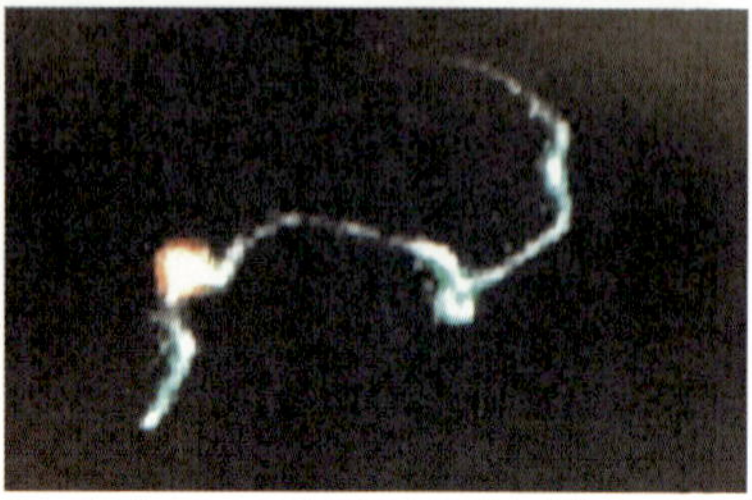

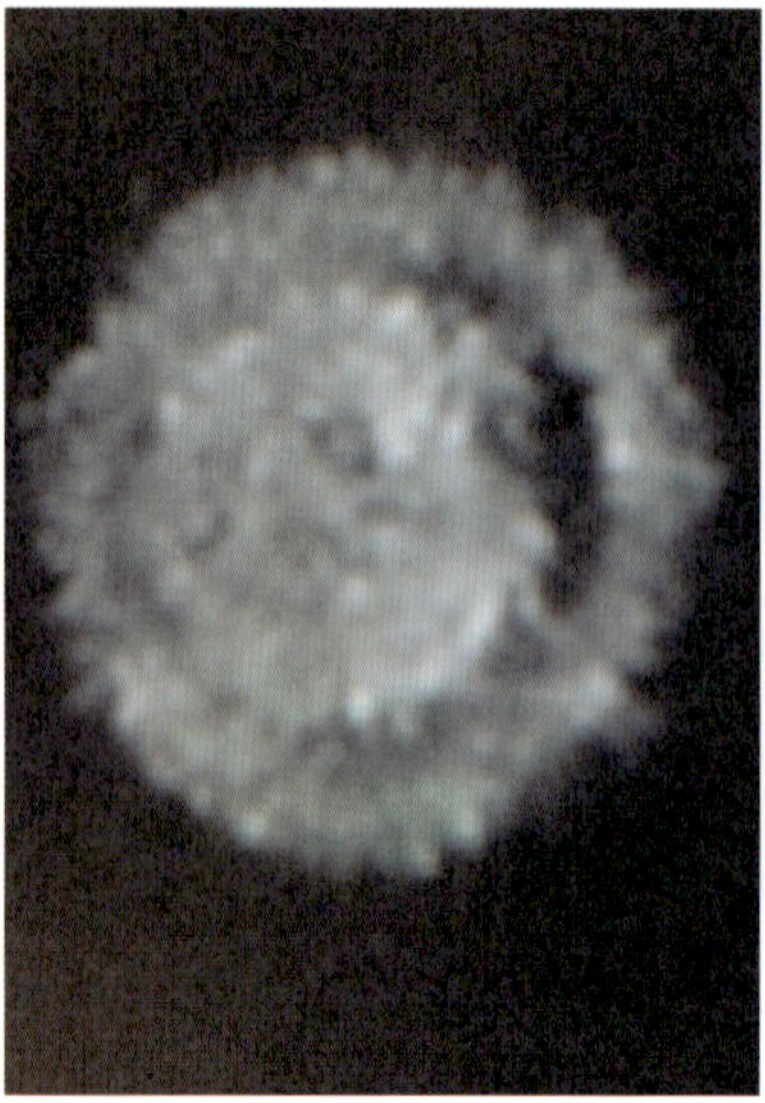

いる。しかし、すべては整えられておるから、このときを待つのみである。

平成19年12月3日

とんでもないことが起きるぞ。地球の顔が半分真っ黒だぞ。黒さが広がらないよう、食い止めなければならない。

平成19年12月28日

優れ者を輩出するのは容易ではない。それは神の声を聴けるものが優先される。この世の転換を図る、その道に乗った者たちである。あと二人は近いうちにわかるであろう。一度ではなく徐々にが必要だから。

（以前にも原子力についてのメッセージがあったが、

12月27日に木下栄治著『「超小型原子炉」なら日本も世界も救われる！』を購入したことで、あらためてこのメッセージが出てきた）

平成20年2月3日
久遠の響きに乗って龍神がやってくる。スピードが速くなる「災害」の。使命を受けたものは早く立ち上がれ、魂に刻み込んであるのだから。目覚めた者ももう一度ふんどしを締め直せ。

平成20年2月7日
驚愕するようなことを見るであろう。しかし、目をそむけるのはまだ早い、ゆとりではないが、少しの時間はあるぞ。

平成20年3月11日　徳川家康公より
結ばれる日がくる。やるべきことをやりながらときを待て。私との出会いは偶然ではない。必要があって必要なときに出会っている。出会うとは、エネルギーをもっと高めあって、日本だけではなく世界の自然災害を鎮めていく必要がある。今やっているとの4000神社がくれば、エネルギーの渦は大きくカーブを描くだろう。
（日本全国の神社を選んで、災害のために祝詞をあげていたことを示している）

平成20年5月14日
極端のようだが今日の雨は地を冷やすのに丁度よかった。沈下であろうが、神々の働きは大変であった。しかし、まだ牙をむいているところもあるぞ。

平成20年5月14日　猿田彦大神
全くゼロというわけにはいかん。もぐら叩きをしてでも鎮めてやりたいわい。一人でも多く神が喜ぶ心をつくってくれよ。その想念でモグラ叩きができるのじゃ。

平成20年6月7日

どでかーい山に埋もれていても、ときが来れば地中が押し出す。物言わぬ土でもときは知っている。寸分の狂いもなくだ。

平成20年6月9日

叫び声の連続である。阿《あ》鼻《び》叫《きょう》喚《かん》の世界が近づく。祝詞を踏み倒しながら更に輝く世界から遠ざかる。

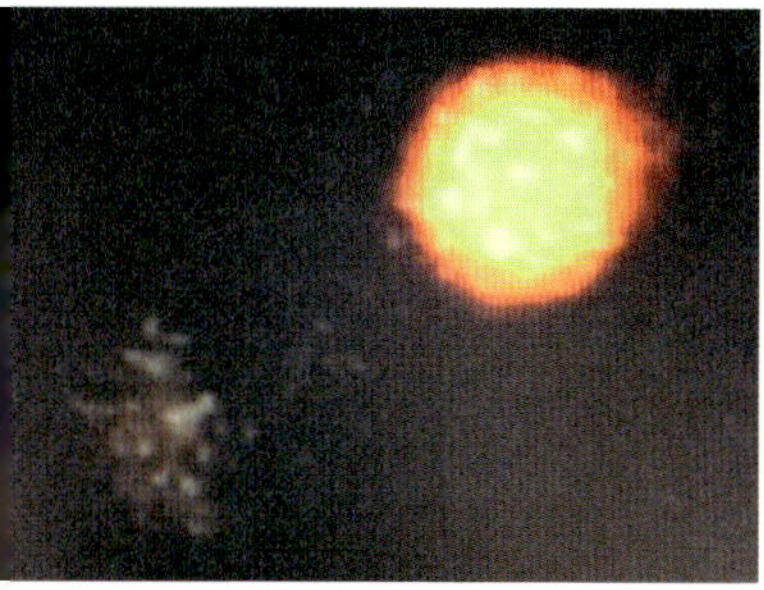

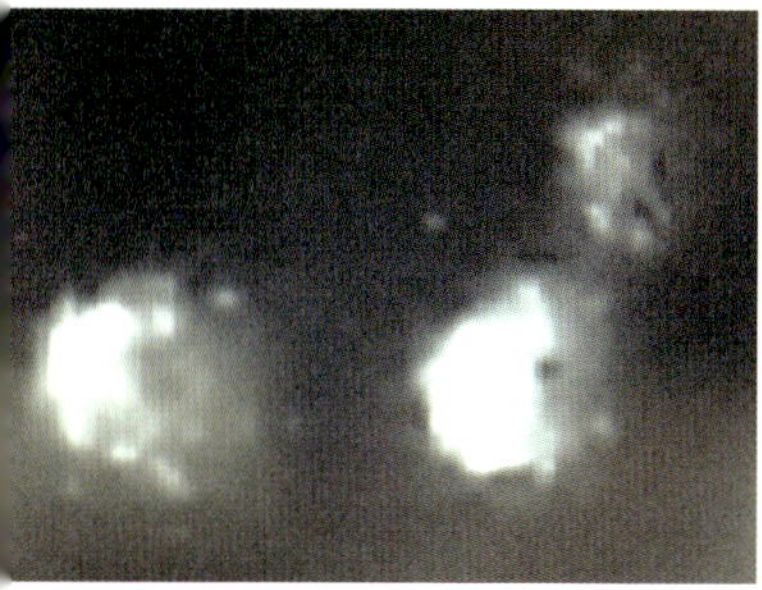

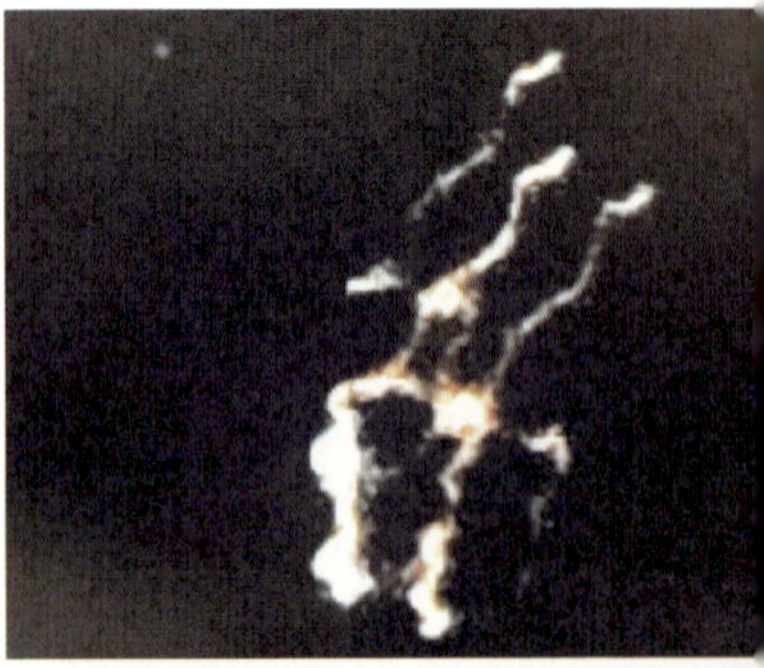

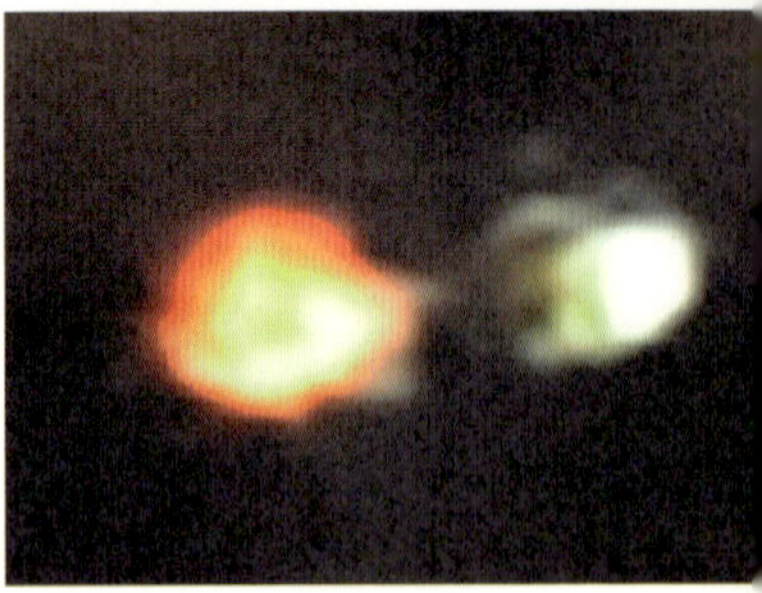

三角地帯の土は変色し、地獄の土となる。多かれ少なかれ否応《いやおう》なしにドロ渦のなかに魂は巻き込まれる。ミキサーのごとく。

公道を歩む、とめどもなく流れゆくときがある。もう、そろそろ食い止めなくてはならない。このまま流れゆくと止めるときを見のがす。

平成20年6月30日　焼津神社にて

五稜郭のような塔を確保せよ。いずれの場にか必要となる。それがこれから先の目標だ。

平成20年7月7日　函館の夜景より

　壊れゆく世界を見続けることは、我々にとって堪え難いことだ。多くの者たちよ！神との対話をたくさんしなさい。それは綻《ほころ》びを縫うことになる。

平成20年8月18日　水上　菅原神社にて

　国会議事堂のなかは嵐のようだ。嵐を防ぐ手当はなさそうだな。けれど嵐は見方によってはすべての物を一掃するチャンスとなるかもしれぬ。今はこのチャンス到来となるかもしれぬ。

　さまざまな災害が人を飲み込む。心の在りように気づく者と気づかない者がいる。宗教戦争は人間のエゴである。何百年ものエゴが次のエゴの波動を産む。エゴの波動は自分たちの波動に戻っていくぞ。子々孫々に流れていくぞ。

平成20年8月31日　戸隠　奥の院　手力男神より

神戸の地震は緩やかになるだろう。人々の意欲は失せ、心に喜びがない。祈りの波動は地震の神に届くであろう。

平成20年8月　雲の写真より

度重なる衝撃にも耐えてきた。踏ん張る根っこが太くなってゆく。物言わぬ木でさえ、自分の使命を果たしていく。人間も負けずにいい根っこを生やしていけ。

平成20年8月

言葉も大事だが精神も高めていけよ。精神を高めることが生きているものの務めじゃ。

平成20年9月23日　宮崎　天岩戸にて

遅かれ早かれ氷の山は溶ける。これは、神が流す涙です。これを止めるのはあなたたちです。それは人間が目的を見失っているからです。

後手後手に押し寄せてきた、人類の期限です。しかし、これは人類すべてを滅亡させるということではない。人間の心を復帰させる大改革のときなのである。

平成20年9月23日　宮崎　高千穂にて

あわやすんでのところで噴き出すところであった。扉の向こうにある広い湖に飛び込もうと思った。噴火がはじまればひとたまりもないのだが。自然の破壊力の前にはお手上げだ。どうして人類は小さな戦いを続けるのか。「和」をつくる波動を広げていけないのか。

平成20年9月24日

崩れる音も緩やかに、次々に倒れていく人々。まるでドミノ倒しのようだ。きっかけは一つの不信からだ。不信を起こすことは簡単だぞ。長いベルトが宇宙を漂っている。しかし、そのベルトには意識がある。高い意識である。宇宙の波動をくみ取りながら、未来の目的に向かって進んでいる。

平成20年9月24日　宮崎　霧島神社にて

損害を被《こうむ》ったって？　誰のことを言っているのかね？　被害はあなたではない、私の方だ。そういう自分勝手な思い込みが地軸を狂わせていくんだよ。

平成20年9月25日　鹿児島　竜門滝にて

純朴な願いを込めた祈りは嬉しい。純朴は地球を綺麗にする。

平成20年10月

棒はそれぞれの柱となるものだ。腐らせるなよ。腐らせれば地球は傾くぞ。

平成20年11月6日

夜明けとともに大きな地震がやってくる。心を込めて地震の神に祈れよ。人類のズレが地盤のズレ。多くの御霊が天に昇るぞ。

みぞれ降る真夜中に大きな地震が到来する。凍える心、宇宙の亀裂と共鳴する。我

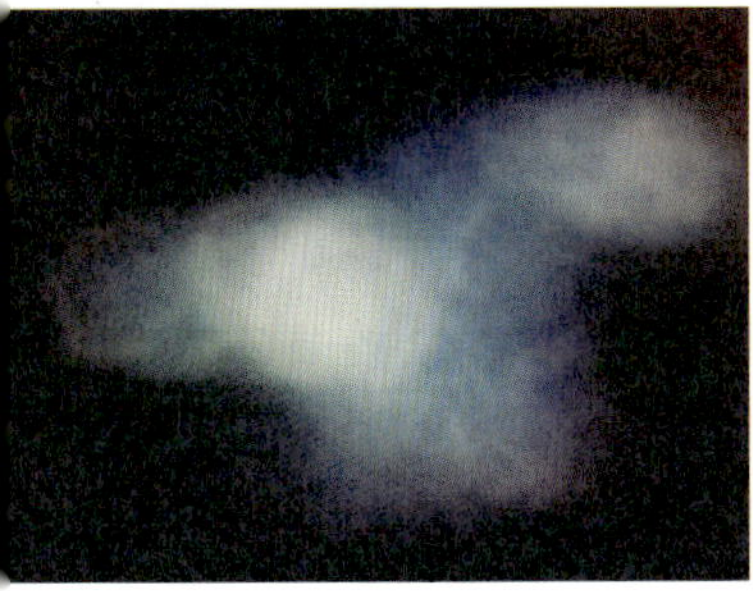

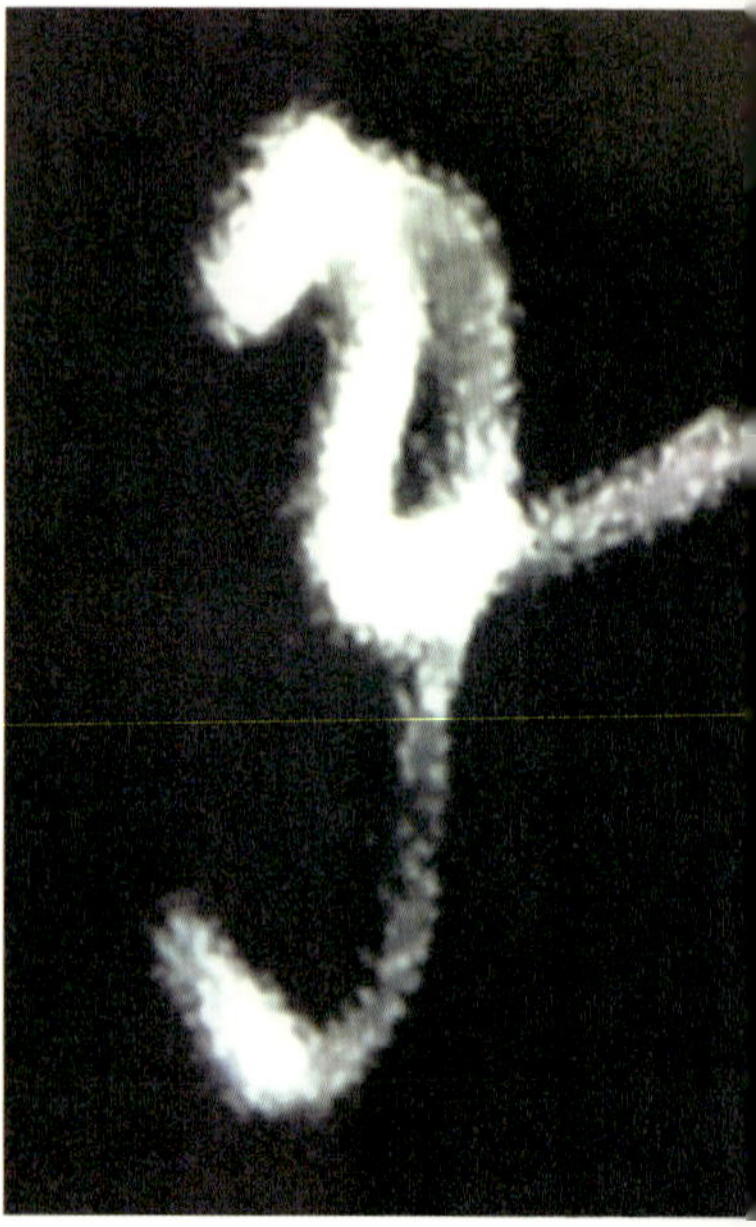

先にとはやる心は、高波と共鳴する。

水龍の動きが激しくなった。こうしてはおられぬ。元からの龍神様にお願いして止めてもらわねばならぬ。

平成20年12月1日

数分、数秒の狂いは先に行くほど、大きな狂いとなる。その狂いを意識して行動をせよ。真理を追い求めていれば、真理自らその狂いを調整してくれる。

平成20年12月25日　綿津見神より

こらえて、こらえて、こらえてくれよ。津波はのう、ないようにしてやりたいが、ないというわけにはいかん。最小限度であるからこらえてくれよ。

平成20年12月1日

大国主命が来られている。私たちの取り越し苦労ですが、綿津見神にもう一度お願いしなさい。神戸、大阪の地震が大きな津波を引き寄せます。それを解除するために祈るのです。

平成20年12月21日

きれいな星の元で我は勇みゆかん。もうすぐ水が押し寄せてくる。我の行く道を知っているかのように、子供のときのように素直な気持ちになって星を見上げると、押し寄せてくる水はきれいな原野になった。忘れていた心だった。

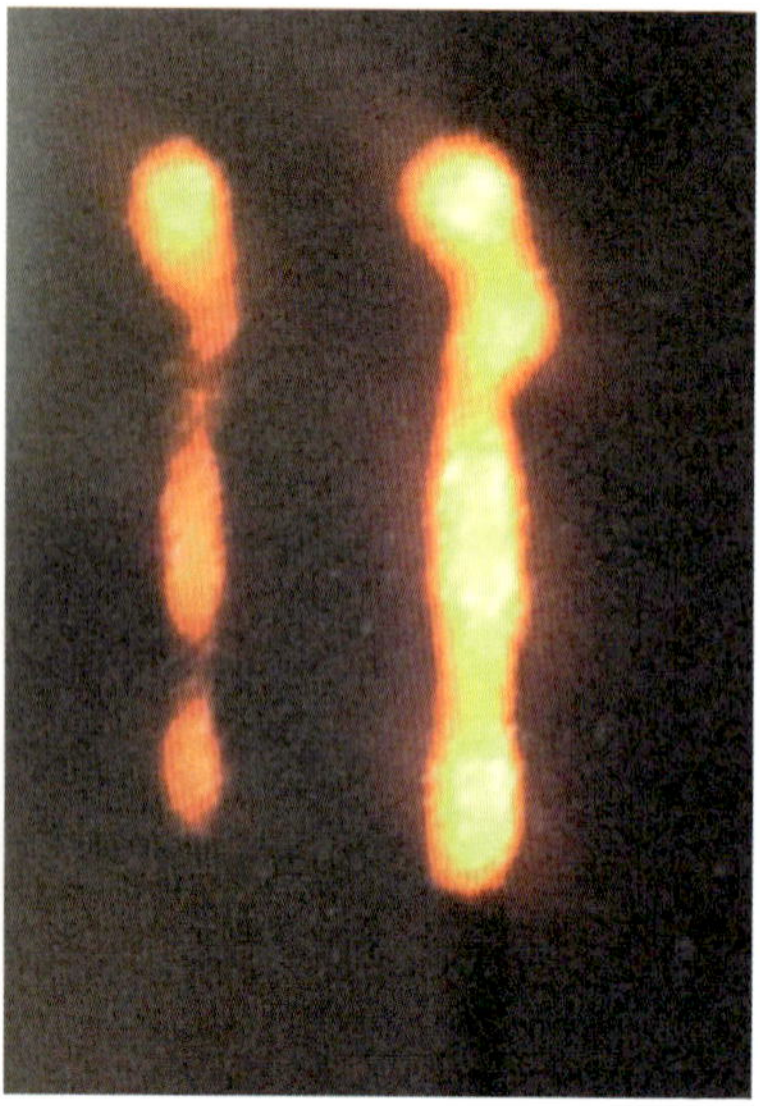

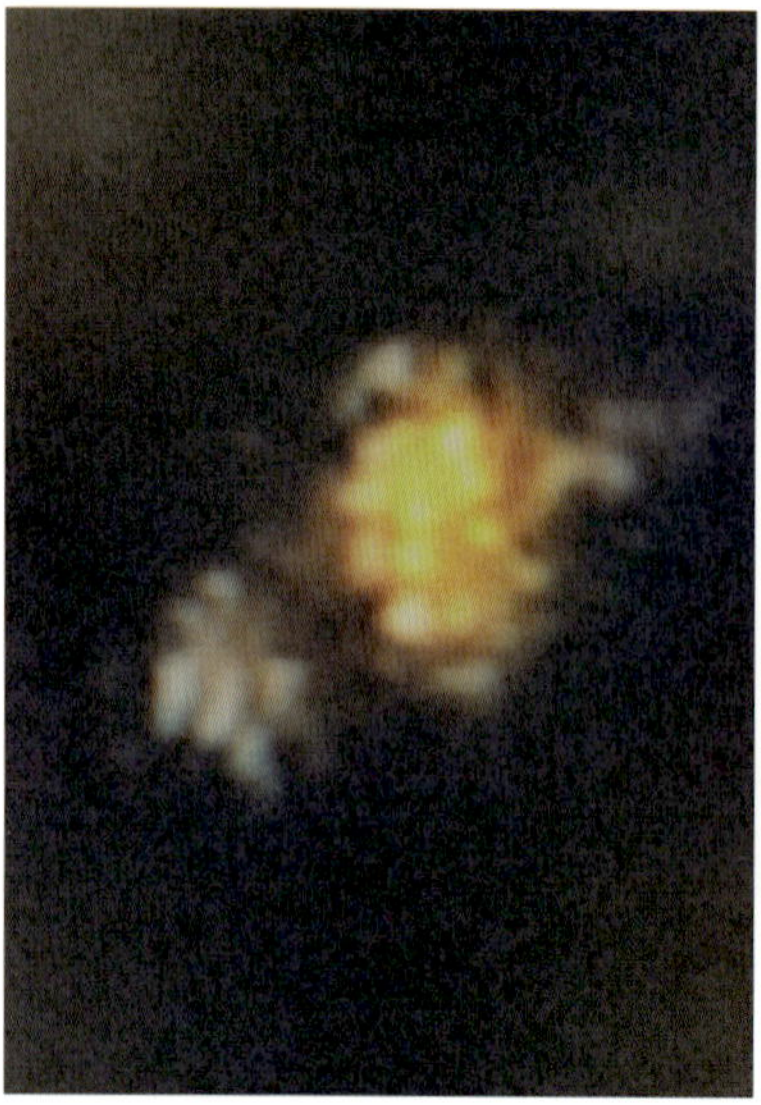

平成21年1月5日
創世以来の大きな出来事が起ころうとしています。従来の価値観では理解することができません。それを理解するためには、緩やかな頭でなくてはなりません。今、星の話が出ましたが、星からの使者の活躍が活発になってきます。これを伝え聞くためには透明になっていかなくてはなりません。

氷の上を滑るように滑《なめ》らかな世界もある。今この地球は肌荒れ状態だぞ。

平成21年1月19日　北社　明野にて
風が吹く、地上に嵐が巻く。輝く未来が失われたよ

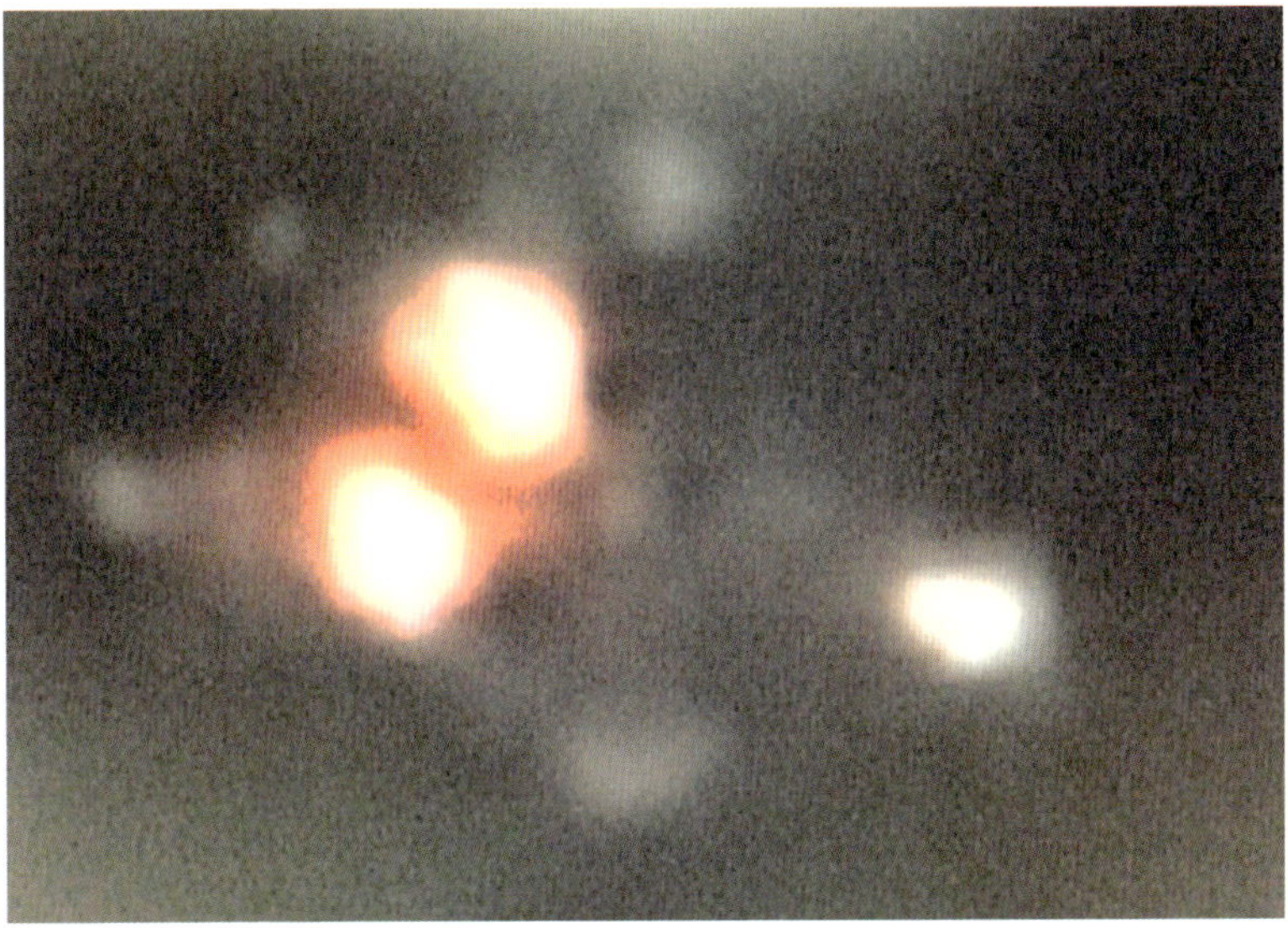

うに。

平成21年1月26日

制限のなかで壊れていくものの存在は大きい。それは飛び放たれる前の終焉《しゅうえん》である。目覚めよ。魂の目覚めで終焉を迎える。

平成21年2月1日

将来に備えて準備をしなさい。あなた方の行くところ、神が必要のところなり。盛んに悪の勢力が慌てふためきだした。こびる者、人を裏切る者、さげすむ者、ますます多くなる。

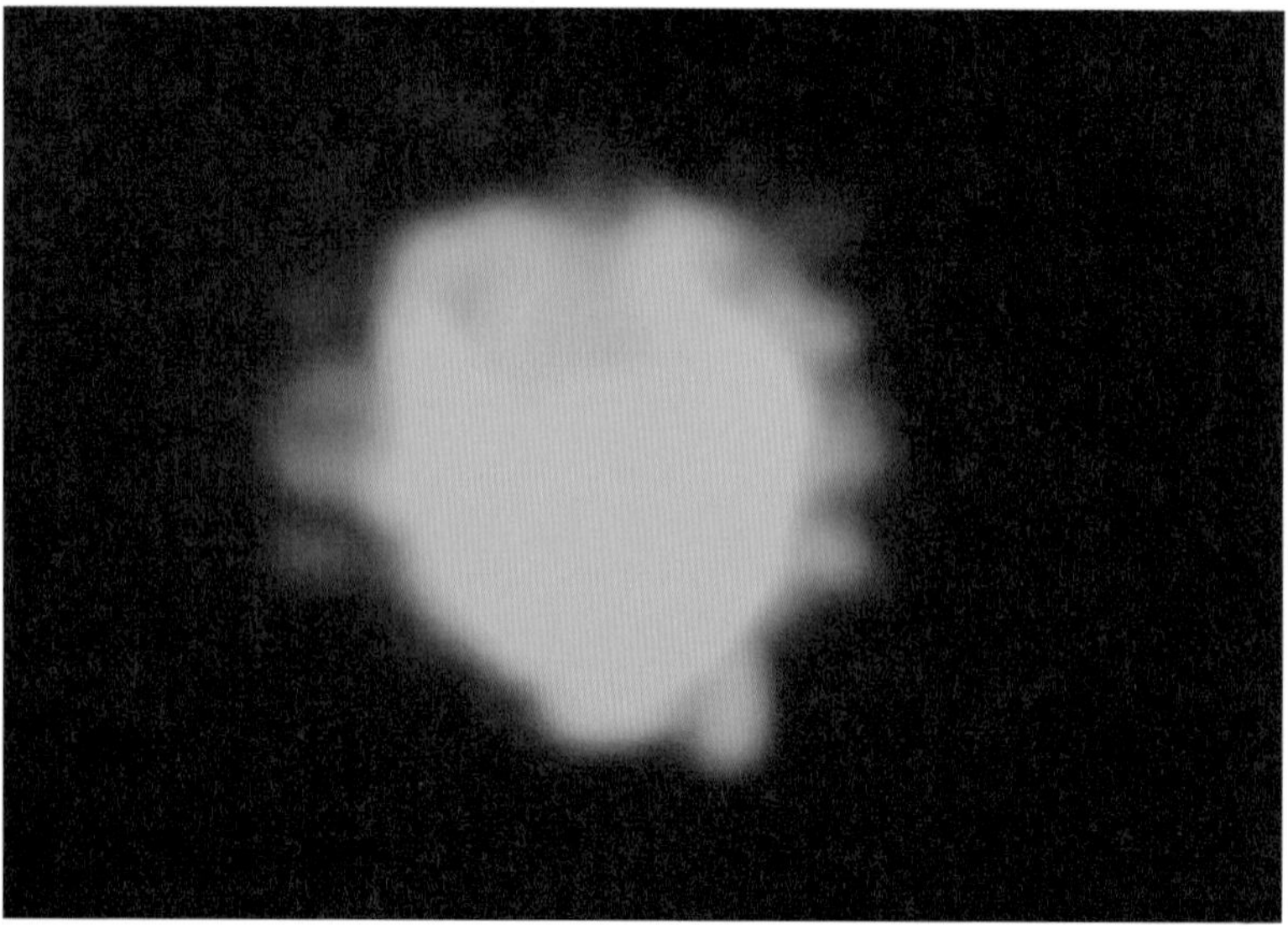

平成21年2月14日

今世紀最大の呼び物がやってくる。今はシナリオのままに。これに手を加えられるのは神ではなく人間である。

平成21年3月19日　岩戸別神社にて

国際情勢の悪化のなかで少しも気にかける様子もなく、エネルギーの学びを繰り返している。それでいいのか？　それでいいのだよ。経済も大切だが波動の狂いはすべてを狂わしてしまう。

平成21年5月8日

天変地異の恐怖が常に頭をよぎっている。あるがままに任《まか》せ切りなさい。

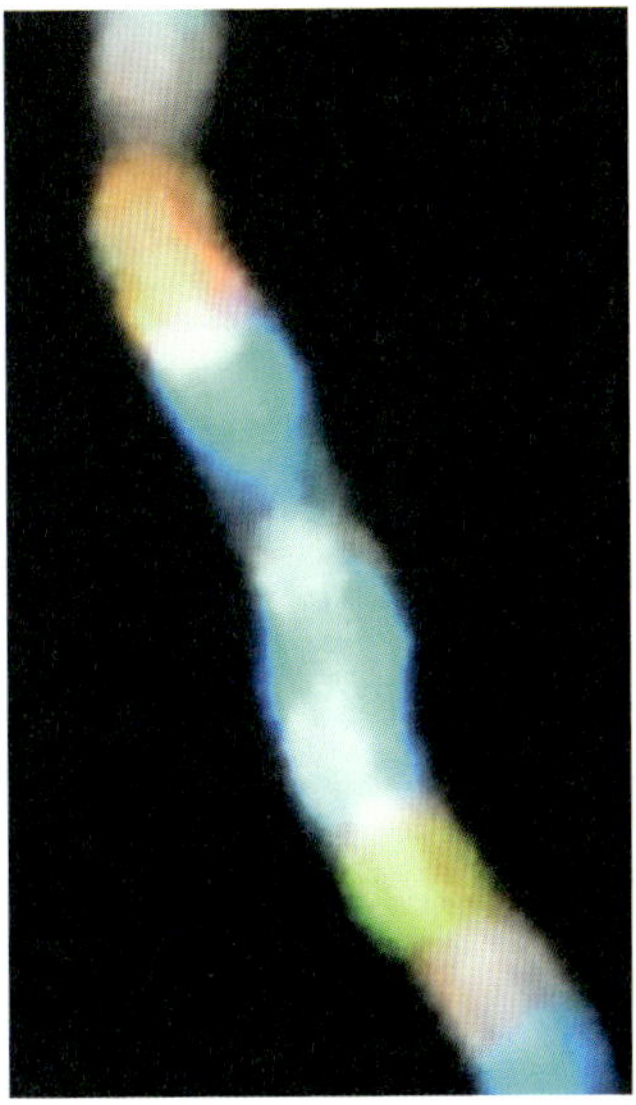

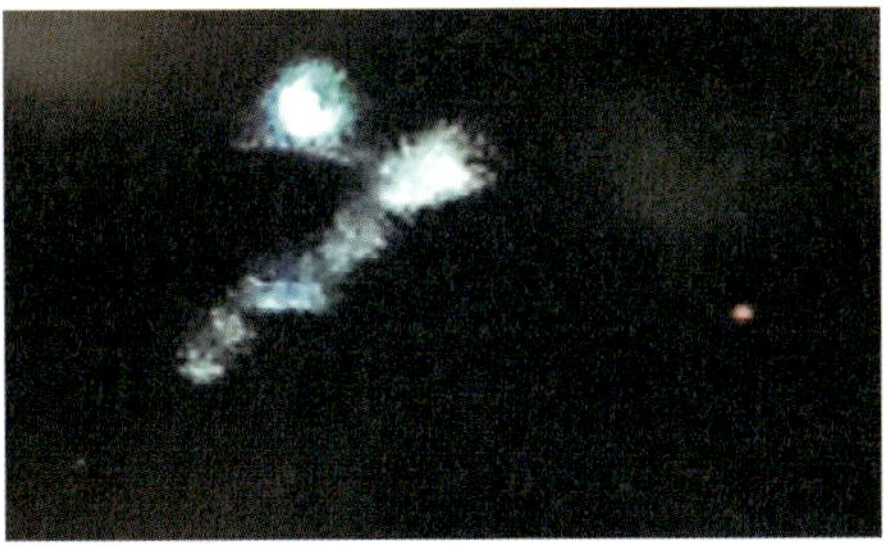

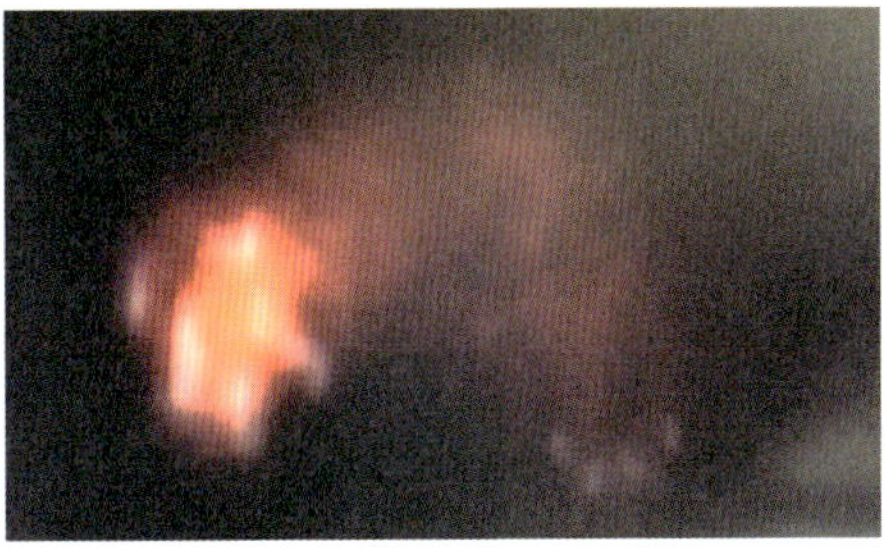

平成21年10月1日

リングのなかにぽっかりと穴が見える。そのなかに大気が吹きこまれていく。これから起こる予測しがたい光景である。早くホームページを立ち上げなさい。

今朝のニュースで地震の話があったであろう。人類の今までの結果であることを信じる者がどのくらいいるだろうか。本のなかで、神のなせる技だと人間が思ったことを覚えているか。今日の災害からはそうでないと見ていけるようになるであろう。

平成21年12月3日

グーグルにトライせよ。目指すは地球の破壊をストップさせること。宗教的波動ではなく、愛で地球を包《くる》む波動だ。グーグルは映し出す場所のエネルギーを感じさせることも可能だ。マイナス波動のところへ「地球の破壊を食い止めましょう」という愛の波動を送る。心から愛を込めて！

平成21年12月20日　龍神より

盛りだくさんの自然現象が準備されている。「須佐鳴」の本来の働きが起きてくる。この私の目を持って！　この目は暗闇を照らし、人間の裏の部分をもあぶり出す。あぶり出された、その心を愛の光で溶かしていくのだ。

平成21年12月21日

神代の時代の波動がやってくる。争いは押し出される。波動修正は今からでもまにあうぞ。

平成22年1月17日　地震のときに龍神があらわれる

地震は龍神の怒りではない。お前たちの心のあらわれである。先程話していた怒りの波動の集大成となるのだ。穏やかな波動をできるだけ広げていきなさい。

平成22年5月31日

天変地異の事柄は大きな問題となっている。しかし、天変地異の規模を小さくできるのは地球にいる人間たちである。何度も言うように、霊的段階を高めることが先決である。

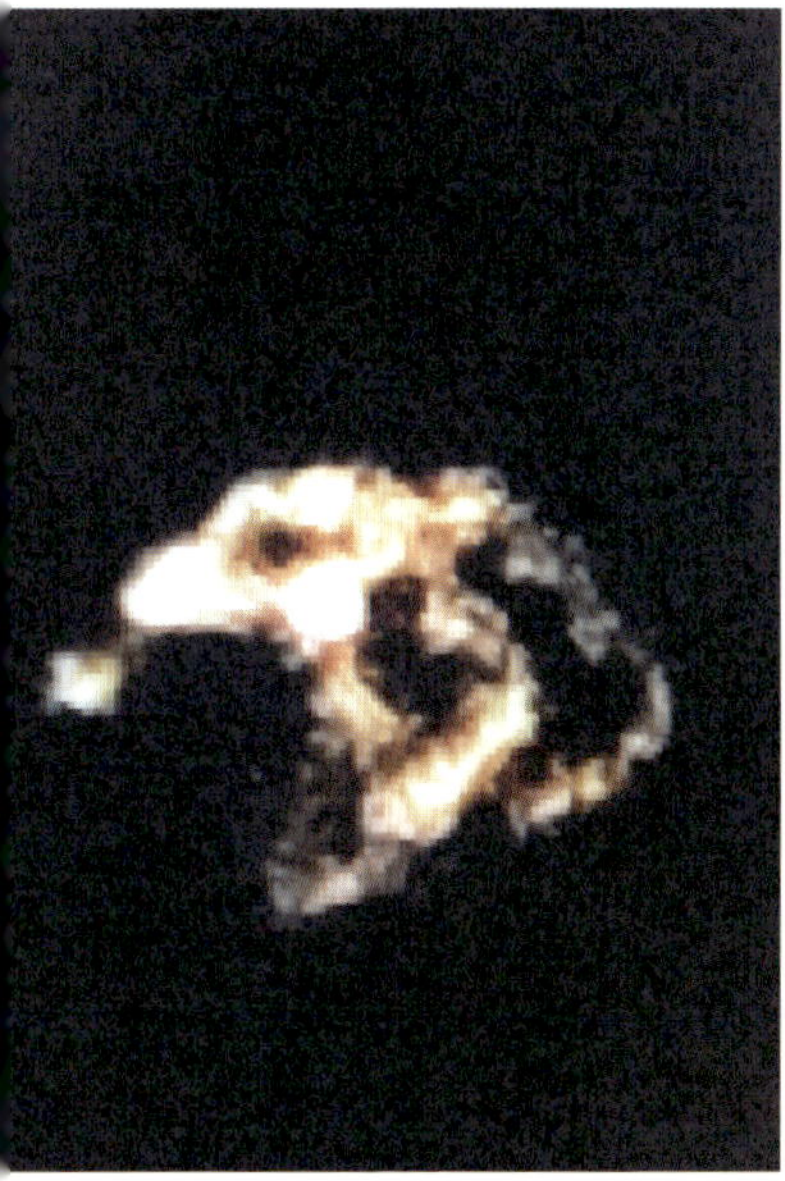

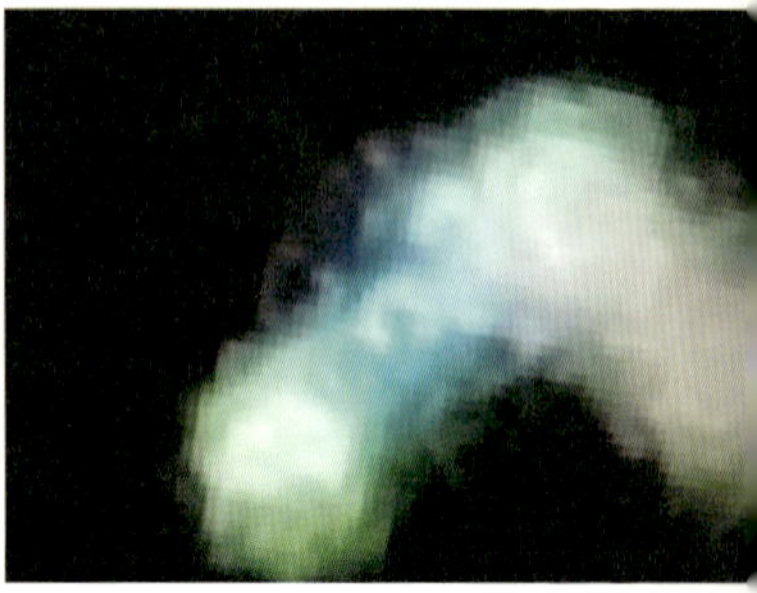

平成22年9月12日
天体の動きが変化する様子をよく観察しなさい。観察は誰でもできる。

平成23年3月5日
大きな波が打ち寄せてくる。それをせきとめるのはなにもない。
広大な敷地に多くの人々の死体が並べられている。しかし、すべては計画上の姿で

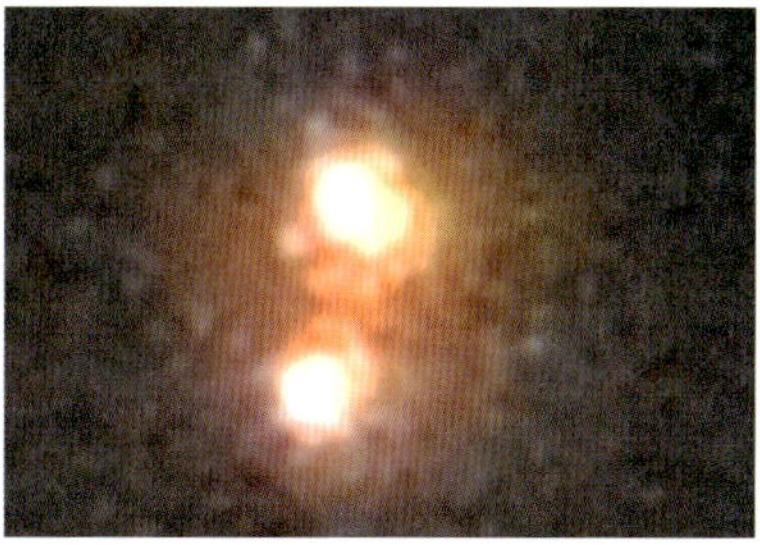
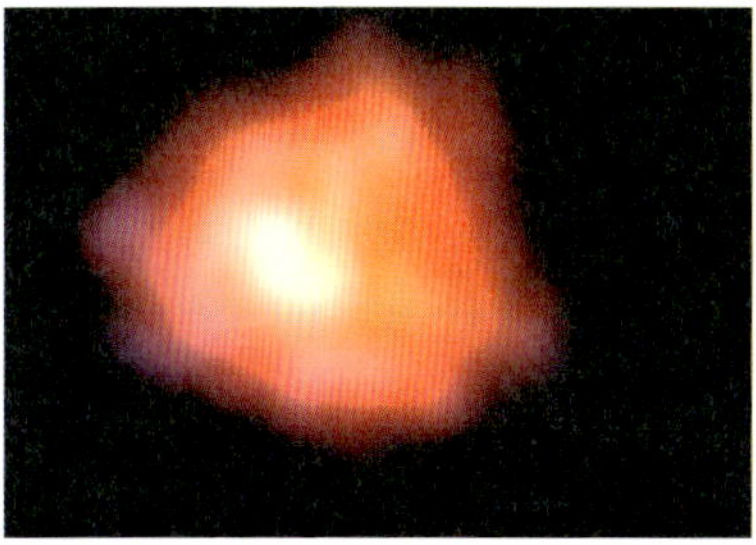
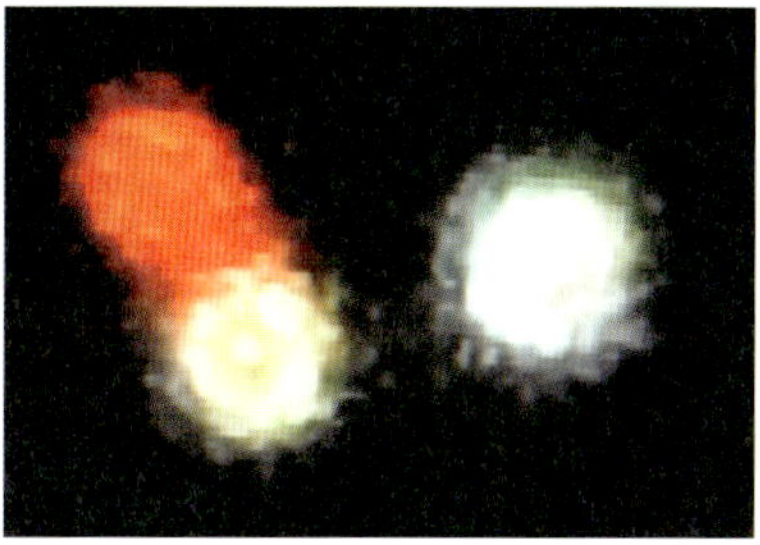
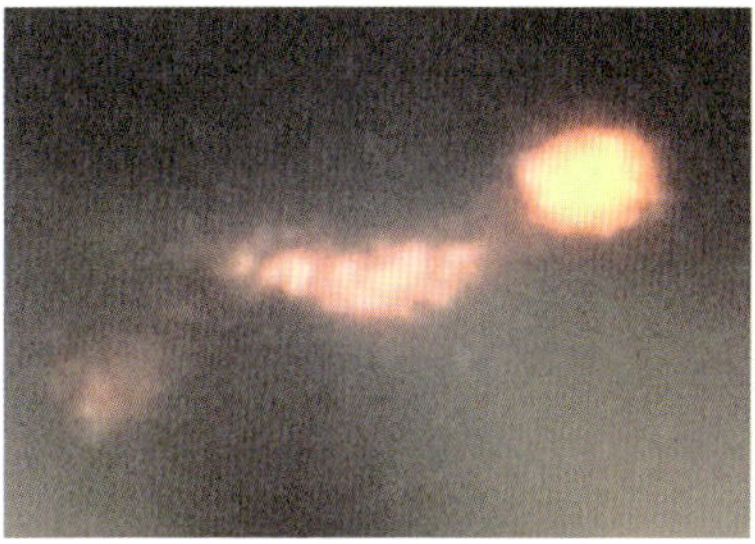

ある。

転がり落ちる岩、逃げ惑う人々、辛い日々を過ごさねばならない。

平成23年3月11日

やがて来る神の国の序奏である。人間を苦しめるためにやっているわけではない。

平成23年3月13日

歴史を越えた壮大な動きである。あなたが家を片づけてきれいにしているのと同じ。多くの民が亡くなったとしても、「死」はないと知っているだろう。彼等は（霊界で）生きている。今の世のなかを本当に神の住む世とするにはいろいろな出来事が起こる。うろたえる必要は全くない。

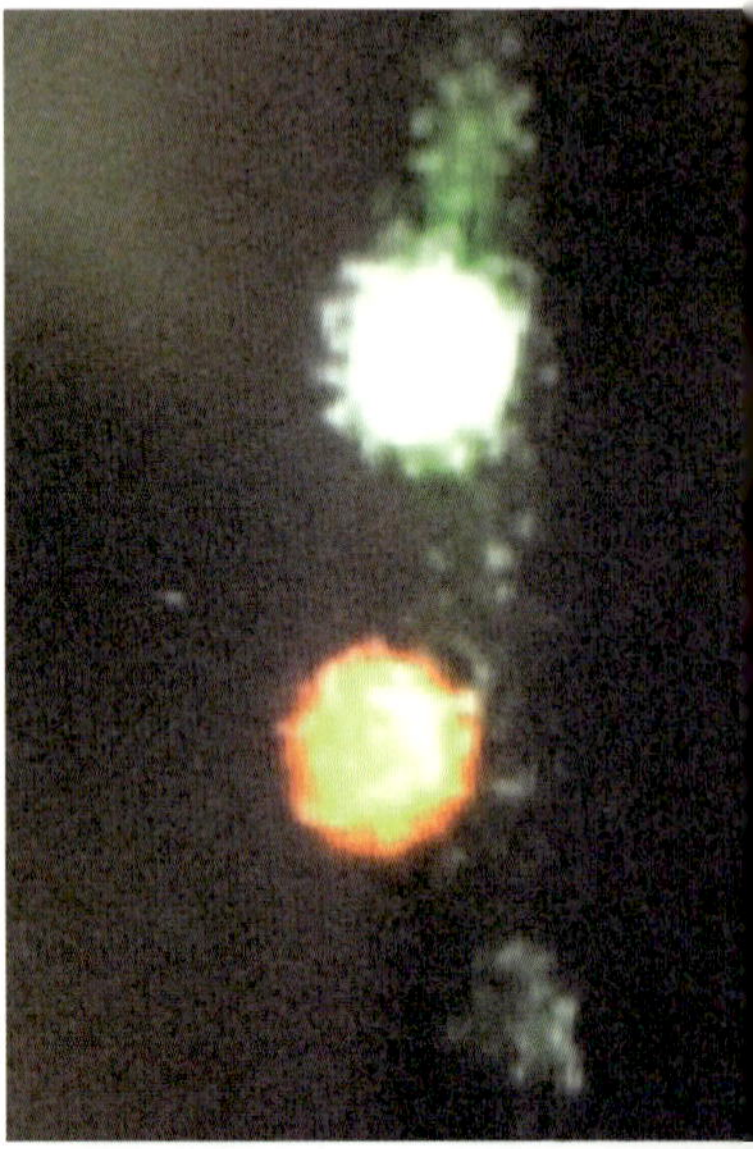

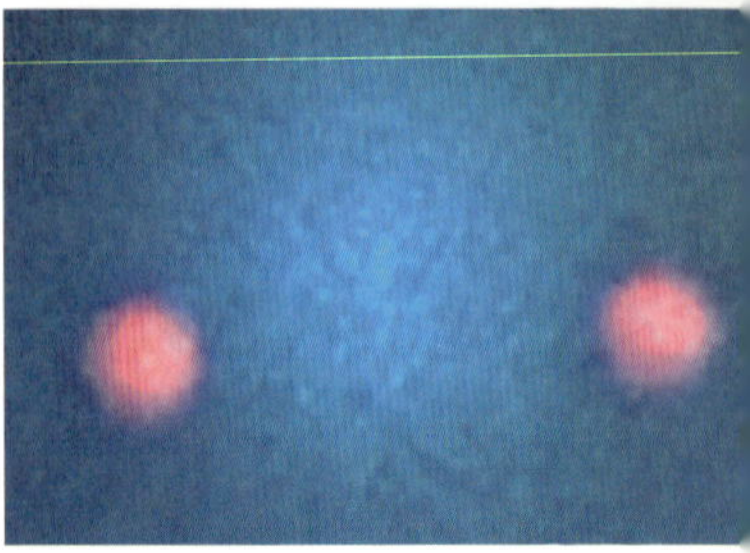

平成23年3月18日
希望の光が波の上に漂う。揺るぎない信念と心からの愛の波動を放出し続けなさい。その波動がやがて多くの民を癒し、また、日本の復興のはじまりとなる。

平成23年
神戸沖の地震と違って、今回は長い期間のはじまりだ。序奏だと言っただろう。何度も言うが、あなたの部屋の片づけと同じ。少しずつきれいになれば、住みやすくなるだろう?

無念の死を感じている霊界の人々をまず教育しなければならない。なぜなら、この人たちが人類の霊的指導をする立場となるからだ。

平成23年3月29日　原発について

原発の問題は、人類が進化するということと、心を置き去りにして科学のみに意識を向けたことだ。原子の智恵を与えたのは、より人間がエデンの園をつくりあげていく上での知恵だったのだ。原子を楽園で使用するのは、地下のエネルギーを使い、体に害のないものを開発するために与えた智恵である。

今一度、原子の素性を調べれば、より安全な、しかも人間にとって有効な知識を発見できるだろう。今世界のなかで三人、このことを考えている人間がいる。早く表に出てくるといいが、それによって人間同士の戦いが激しくなってくるであろう。「大きな石ころ」「重い石ころ」だが、必ずや成果を見ることができる。祈りのなかに入れなさい。皆に伝えなさい。

平成23年4月3日

猛烈な勢いで浄化は進んでいる。今年だけではないぞ。人々はいろいろな立場でそのことを知る。自分の「我」で自分の心をゴミにするのではないぞ。地上のゴミは本当に必要がなくなったときに自然に戻る。ゴミとは言わない。大地の吸収である。

平成23年4月10日

猶予のないときが近づく。未曽有《みぞう》の災害に見舞われる。わかっているな、それも前進ということを。

平成23年4月13日

氷山の一角であっても、これは重要なことだ。早くやらねばならない。崩れゆく地球の顔を止めるのはあなたたちしかいない。

平成23年8月28日

たくさんの魂が騒いでいる。新生な魂だ。もうここでは争いは必要となくなる。ただただ、自分の使命を自覚できる期間がいる。各自、自ずと感じていくのである。次のステップのために彼等は存在している。

平成23年12月26日

天変地異を遅らすことはできない。それは人間の新生につながるから。

平成24年3月1日

天変地異の激動の年になったな。激動という言葉は今までの状態ではないということだ。みんなが知っているように、激動とは一つの山であって、決して乗り越えられないものではない。ただ、今度は山をいくつも乗り越えていくことになる。

平成24年3月2日

これからの流れだが、徐々に起こるものではなく、予告なしにやってくる。自然災害は波動で起こるものだから、予告は人間がしているのだよ。多分、人間は誰も思っていないだろうね。

平成25年7月12日

カナダの地方に大きな湖がある。隆起が見える。それを鎮めることはできない。

平成25年8月17日

緊急の用事があるのだが答えてもらえるか。言葉の限りを尽くしても返事はNOとは言えない。それは、火山のことである。日本の神々に頼み、できるだけ鎮めてもらうことです。これには人間の純粋な願いが必要です。

（次の日、桜島が大噴火しましたが、メッセージで言及された噴火とは、桜島の噴火

のことではないようです）

平成25年12月3日　M7星人より
想像を遥かに超えた出来事が起きるのはわかっただろう。これからもっと頻繁にあらわれる。揺るぎない心をもって冷静に受け止めていきなさい。

平成25年12月9日
暴動が起きる様子が見える。彼らは魂の進化のことはまるで考えていない。しかし、それでも進化できる霊体なのだ。

平成26年4月14日
壊れゆく宇宙の序奏がむき出しの状態になってきた。我はそれをすべて受け止める。受け止めた以上、手を緩めることはできない。指一本一本に宇宙が抱える深い傷が刻まれたような、鋭い感覚を感じる。それでも私は手を緩めない。

UFOを身近に

平成18年6月28日　九頭龍神社にて
スペースシャトルのように高速な乗り物、やっとここまで発達してきたのか。神の乗り物はあっと驚くぞ。

平成18年9月12日　北海道　白神大明神より
有人の世界は言葉を発す。神の世界は心を発す。どちらが重要ということではない。お互いに意志を通じあう手段なのだ。それに神の世界の心も発せば、より最高の意志を通じあう手段となるだろう。

平成18年9月28日　玉置神社にて
光の天使がやってきて、お前たちを取り囲んでいる。喜びはお前たちだけではない。全宇宙が震動している。

平成19年2月7日　雲の写真より

　東の国（日本のこと）めざましく光る物がある。我々はそれに乗っていくだろう。そして多くのことを見せられる。人間の強欲の渦、人間の悲しみの渦、人間の疑心暗鬼の渦、いろんな渦がぶつかりあっている。

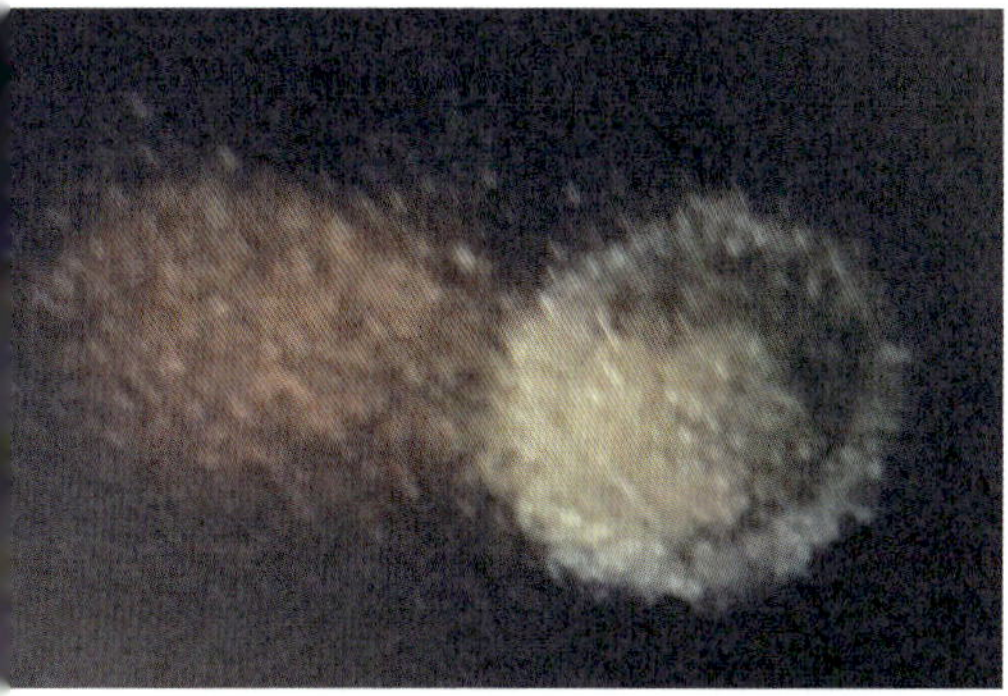

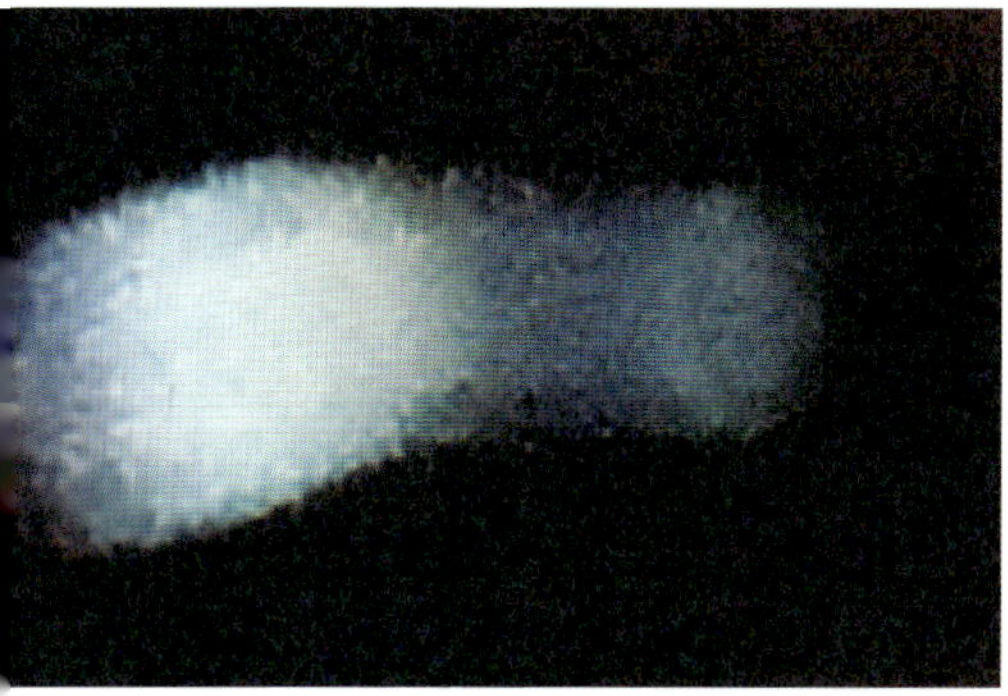

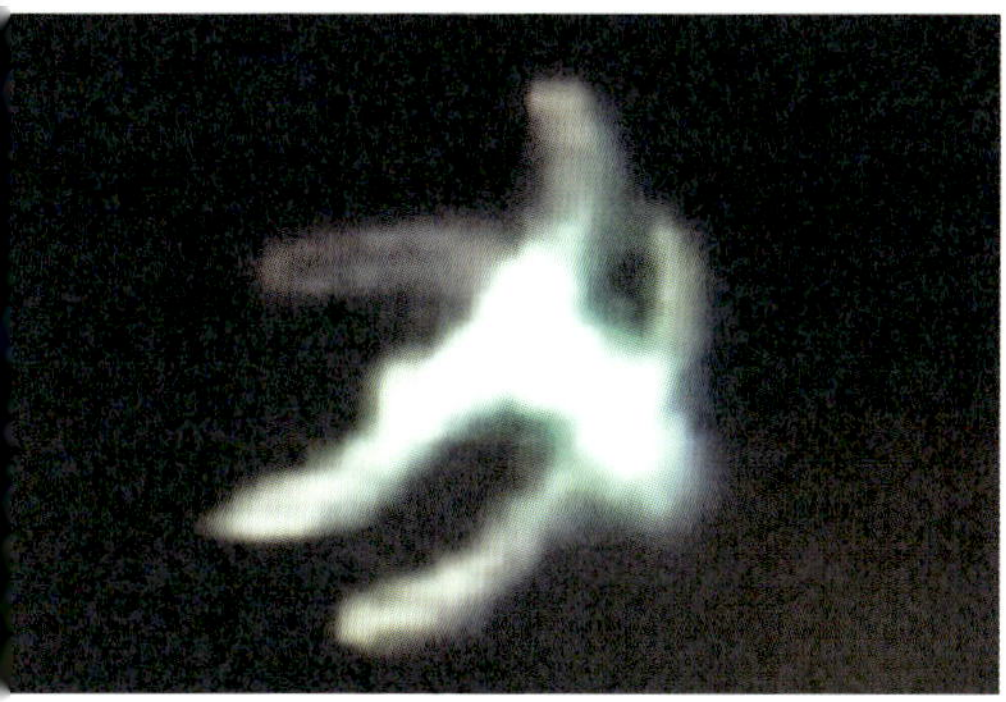

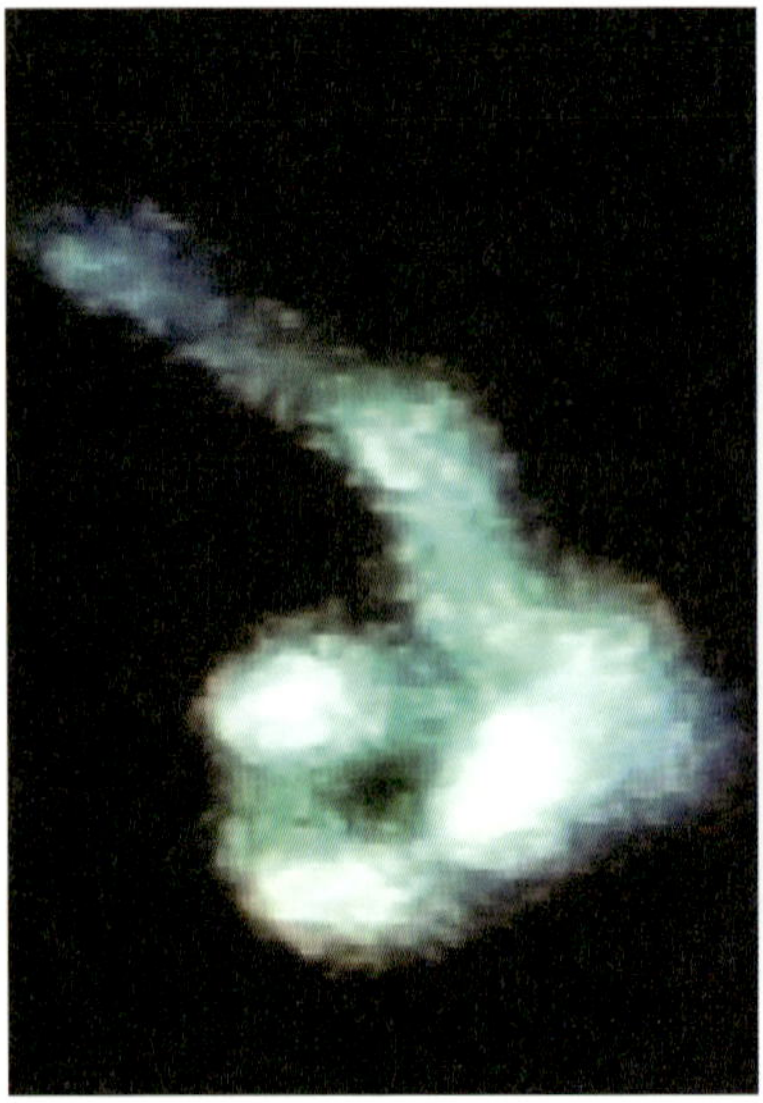

平成20年5月

キョトンとした顔をしているが、そんなに不思議か。お前たちの目に映らないものが、見えてる以上にあるのだぞ。心の枠を外せば見えてくる。

平成20年5月24日　天皇神社にて

宇宙に戻るところがあれば、土地がいるのか？　土地はもう確保してあるぞ。というよりは、どこに住もうと自由なのだ。

平成20年9月4日　天皇神社にて

空からどんどん協力者が降りてくる。会話をしなさい。そうすればもっと前に進むことができるであろう。

平成20年9月4日

「光の兄弟」のエネルギーは一つとなって大きな渦となる。混ざりっ気のないものにしてくれよ。

平成20年12月10日　市杵島姫より

恐竜の世界へ遊びに来るかい？　宇宙にはいろんな世界があるんだよ。だから、自分だけの世界で止まってはいけない。いろんな世界を見る、そんなお目を持っていてね。

平成21年1月18日

プレアデスの異星人は地球との交流をはじめている。私たち（神々）の願いは霊的に上昇してほしい。

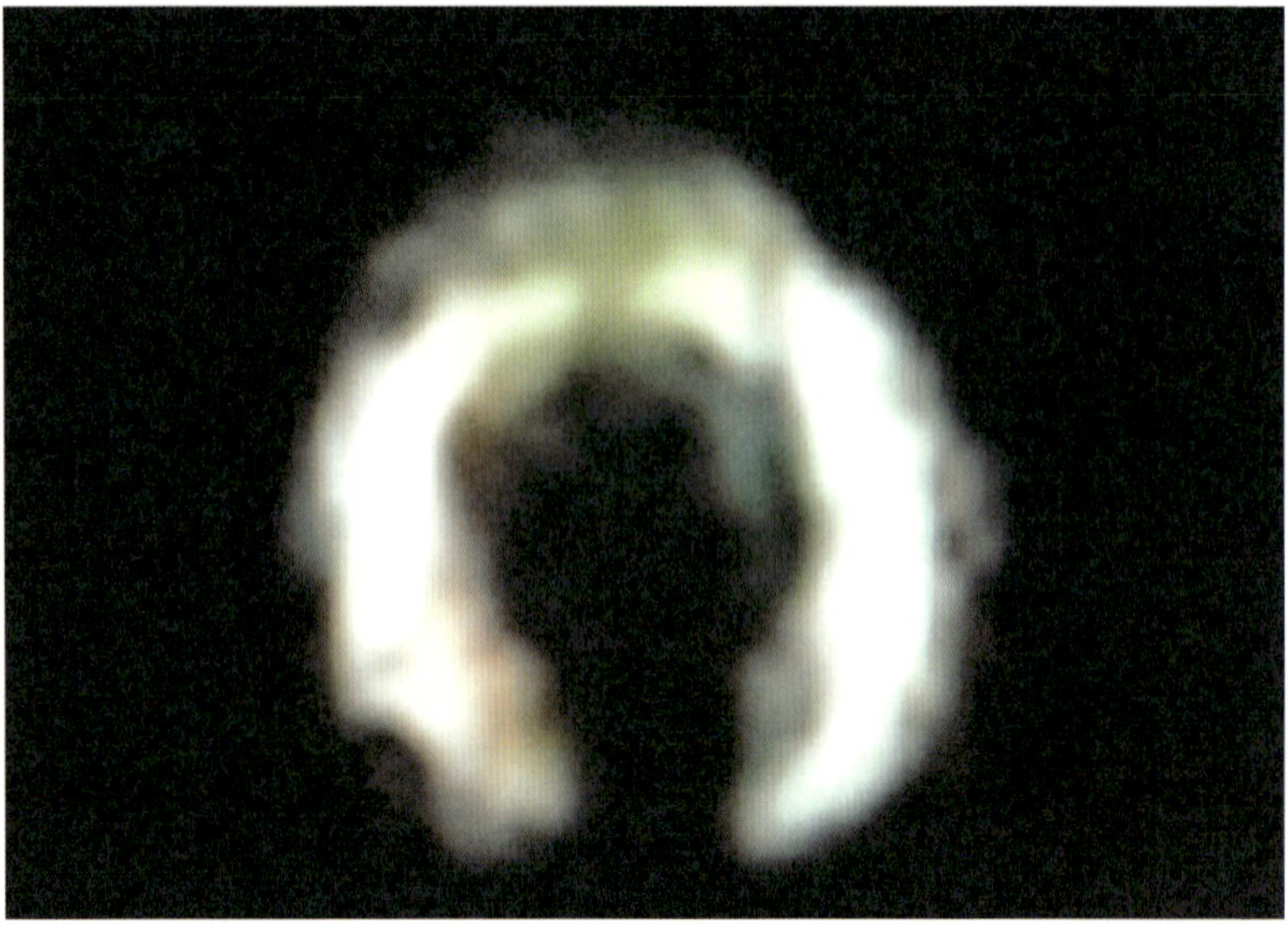

平成21年3月11日　満月の写真より
　よもやま話に花が咲く。今、話題は宇宙の話になった。必然である。意識改革はまずはよもやま話からだ。

平成21年3月19日　瀧野神社にて
　科学の域を越えた宇宙には人類の宝がいっぱいある。魂の宝はお前次第でいくらでもゲットできる。

平成21年3月20日
　異次元空間の伝達がもうすぐはじまる。はじめは戸惑うだろうがそのうちに慣れてくる。

平成21年4月2日
ウイングメーカー（ＷＭ）の言及する内容はこれからも続くであろう。

平成21年4月20日
有人飛行（ＵＦＯ）の出現は驚異ではなくなるであろう。

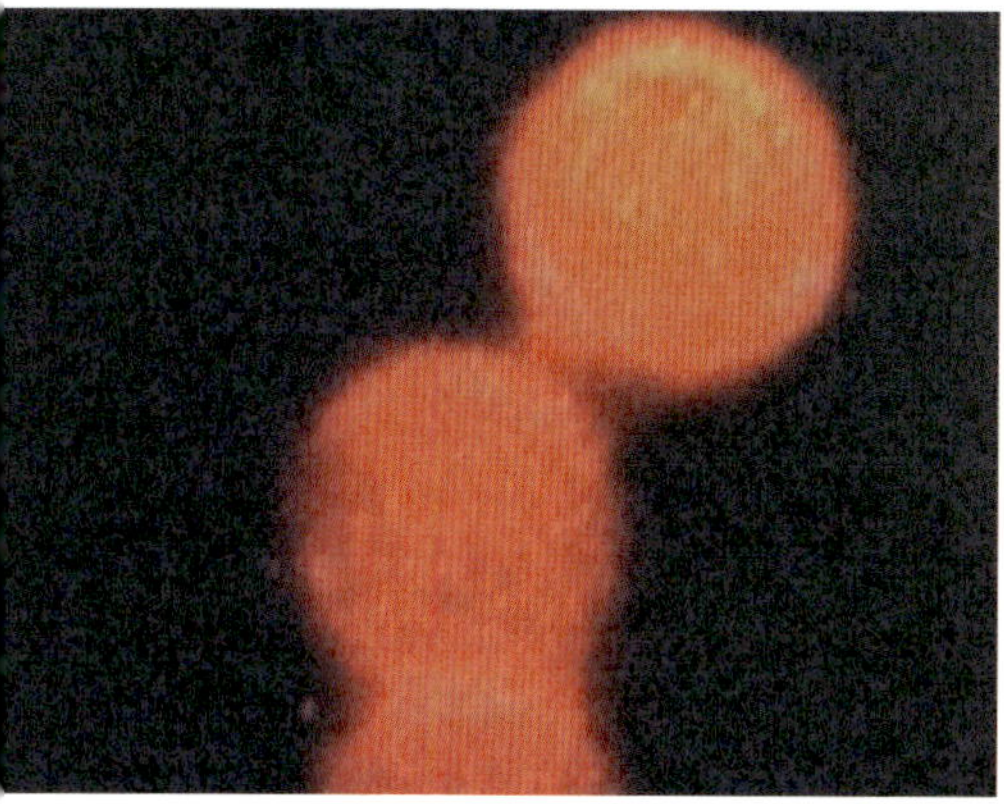

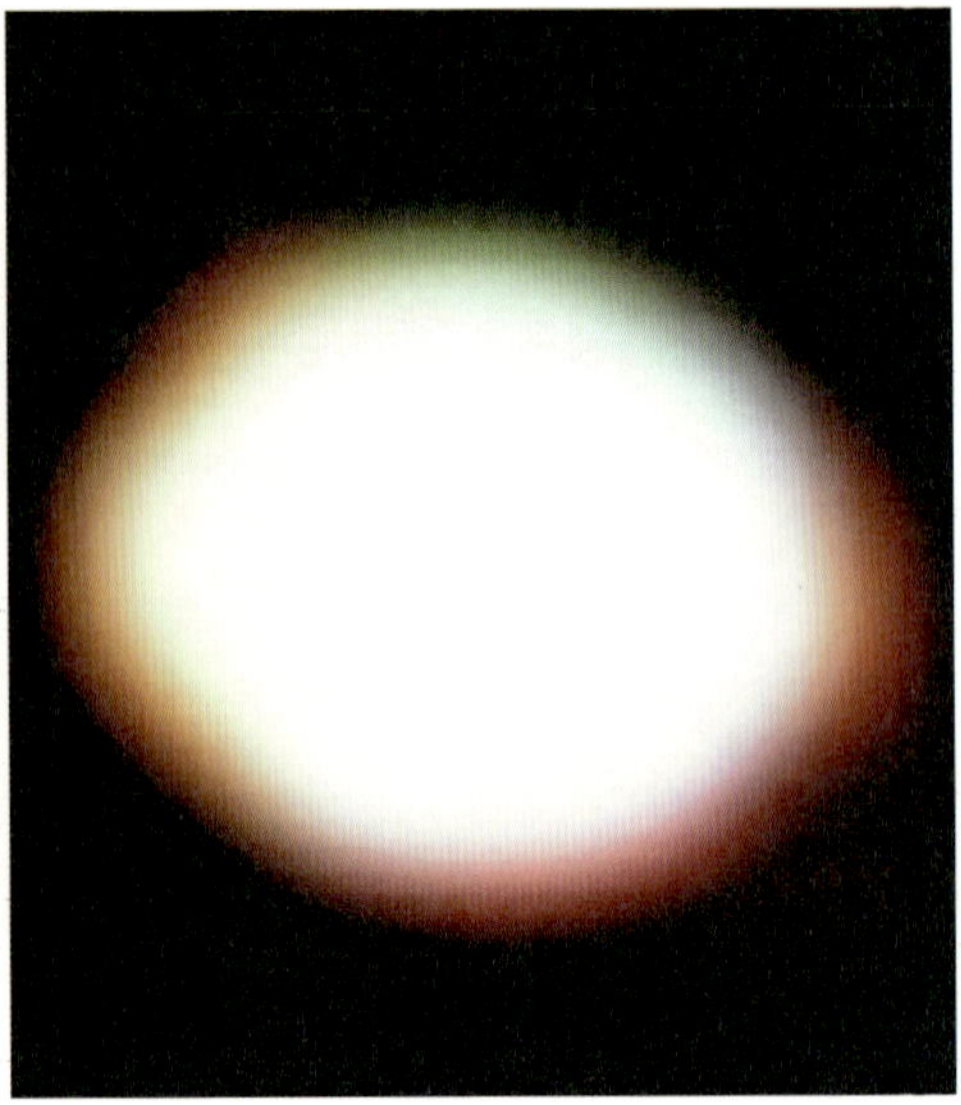

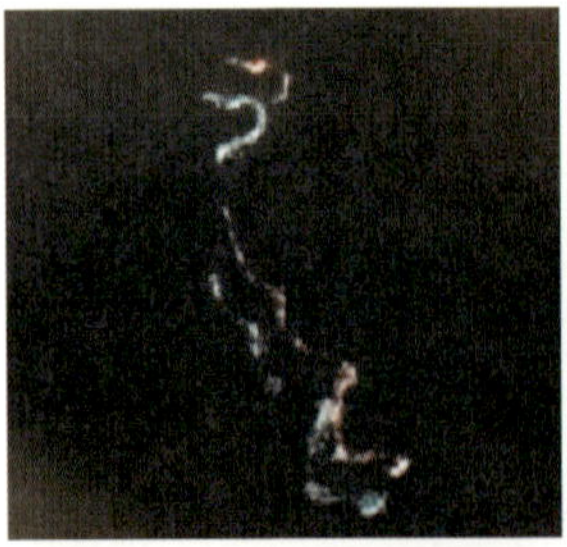

平成21年12月22日
Ｕ字型のＵＦＯがあらわれる。細かい内容は話ができないが、頭に入れておきなさい。

平成21年12月24日
かなりのＵＦＯが待ち受けている。意識の撹乱が起こるであろう。それは、ＵＦＯとの波動の違いである。あなたたちはいつものように穏やかでいなさい。

平成21年12月25日
緊急の内容であるぞ。時空を超えたところからの訪問は方法を知らせることができないままに進められていく。それをわかってほしい。そうでなければ我々の通信は間の抜けたものになってしまうからだ。これか

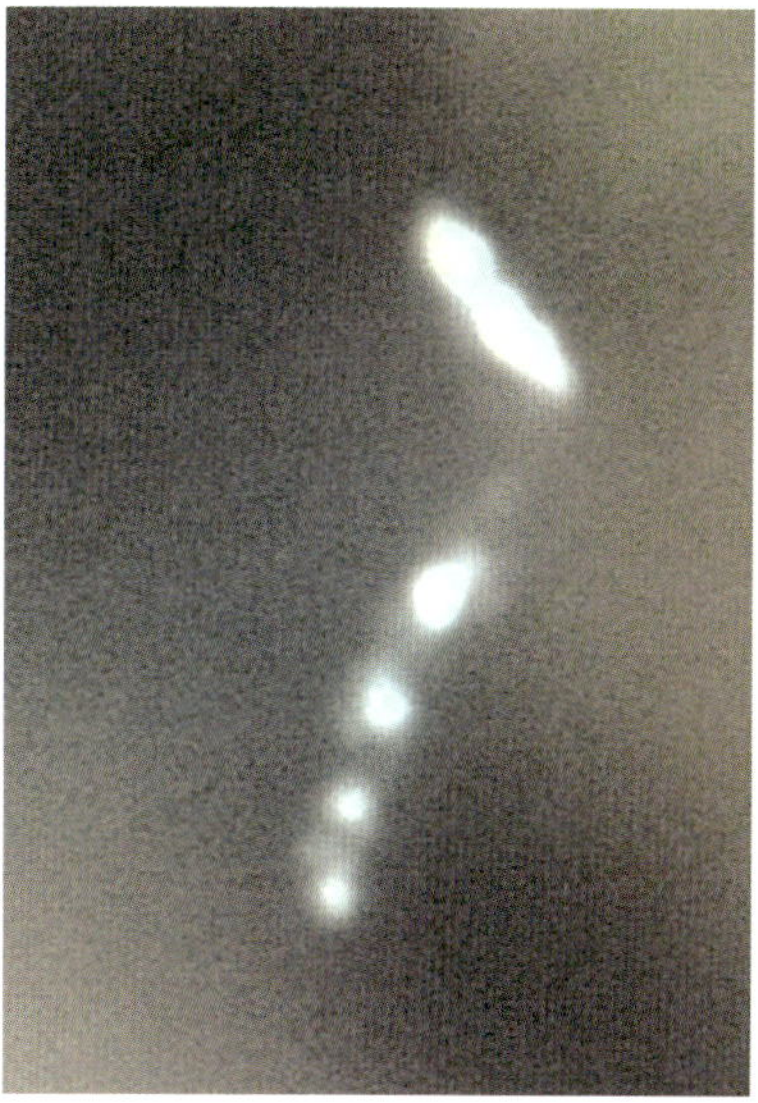

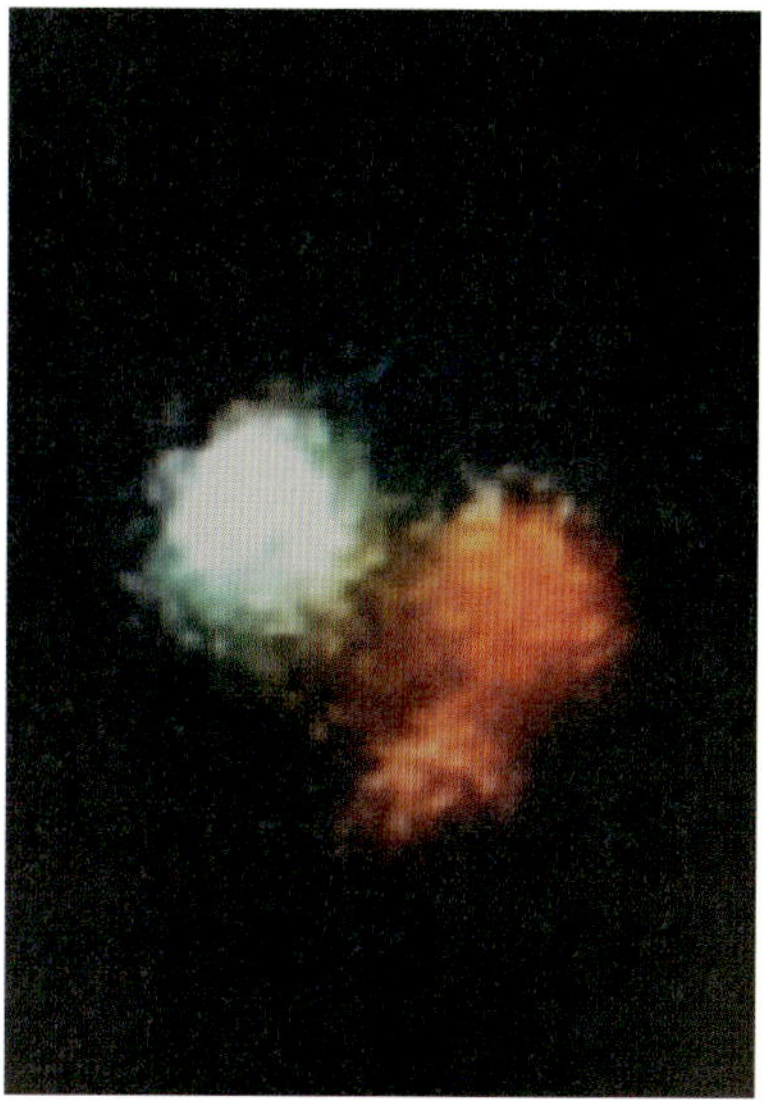

らは特に意識してほしい。

輝く太陽の光に乗って我々の集団はあらわれる。どんな形にしろ、意識ある者はこれをキャッチするであろう。合図はテレパシーになるであろう。

平成21年12月31日

念願のワープのときが近づいている。一瞬のワープを体験し、積み重ねていく。そうすれば慣れてくるだろう。

突拍子もないことの連続であるぞ。しかし、それは恐れることはない。高次の世界においては普通のことであるから。

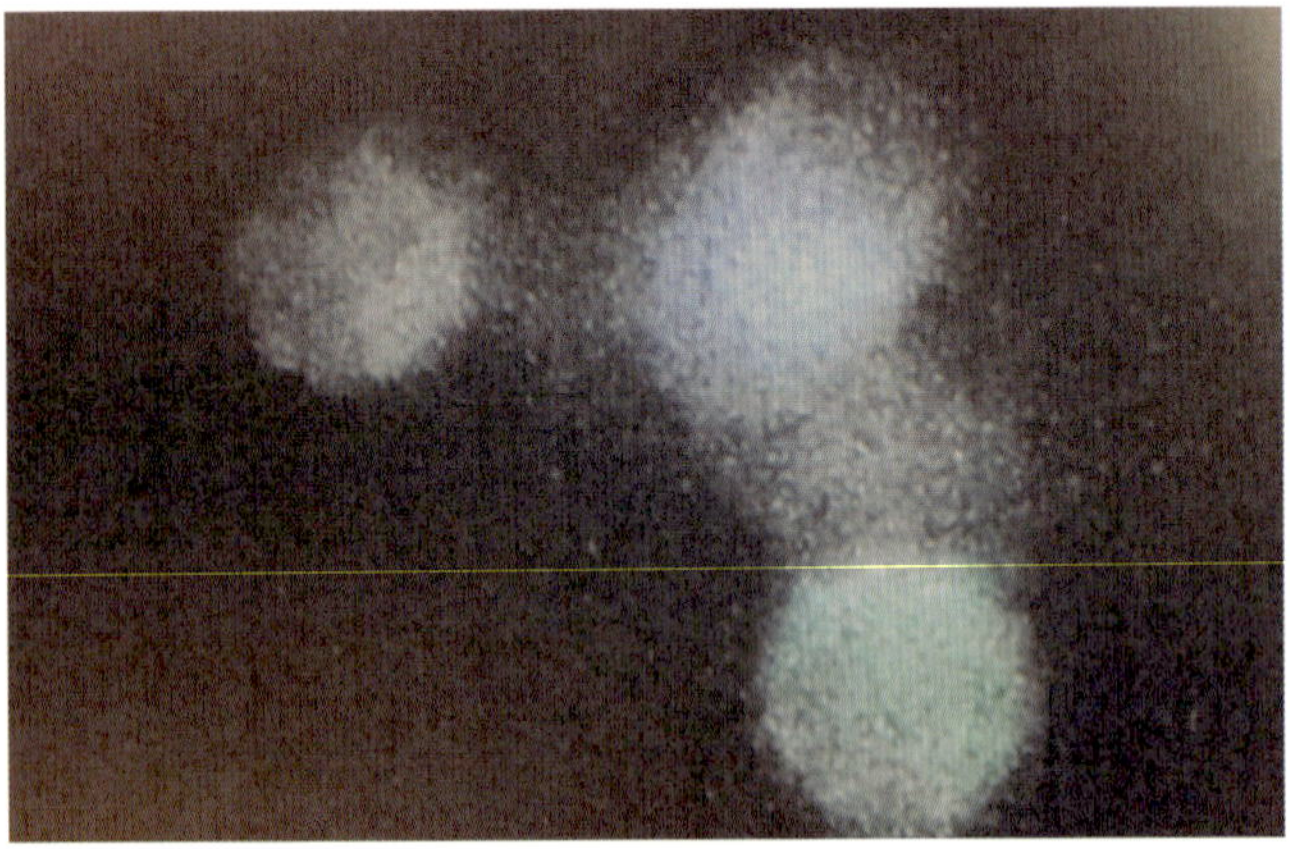

平成21年12月

今ある事実を受け止めるのです。今、空には無数の雲があるであろう。その数だけUFOがあるのだ。あなたたちの世界には、どうもUFOを受け入れられない者がたくさんいるようだね。でも、これは事実なのだよ。天？　空？　に神がいるというのに、なぜ、雲にUFOがあると、思わないのだね？　私（神）は月であり、太陽であるなら、星や雲がUFOだとしても不思議ではないだろう？　自分と同じなら受け入れられるのかい？　異形の物は怖いのかね？

子供のころ、雲に乗りたい、雲に乗れると思わなかったかい？　どうして「乗れる」と思ったんだい？　どこかで乗り物だってことを知っていたからだろう。太陽に乗りたいと思ったかね？　月は？　星は？　身を清め、心穏やかにし、すべてを受け入れ委ねなさい。どうすればいいか、今更、聞くまでもない。もう聞こえてくるだろう。その声の通りにすればいいのだ。事実、あなたはそうしているではないか。

平成22年1月3日
旋回するＵＦＯをあなたは見る。その中心に立つがいい。揺るぎない信念を持って、信じていきなさい。

平成22年1月7日
希望の星はどこかね？　あなたが望む星を選んで伝えなさい。その星はあなたを迎えにくる。われわれはＭ７。

平成22年1月12日
我々Ｍ７の要員は高さ3メートル。しかし、自由自在。色は白、あなたの言葉は理解できる。

平成22年1月17日
波乗りはできないなー。だけどＵＦＯのボートには乗れるぞ。その穏やかさ以上に

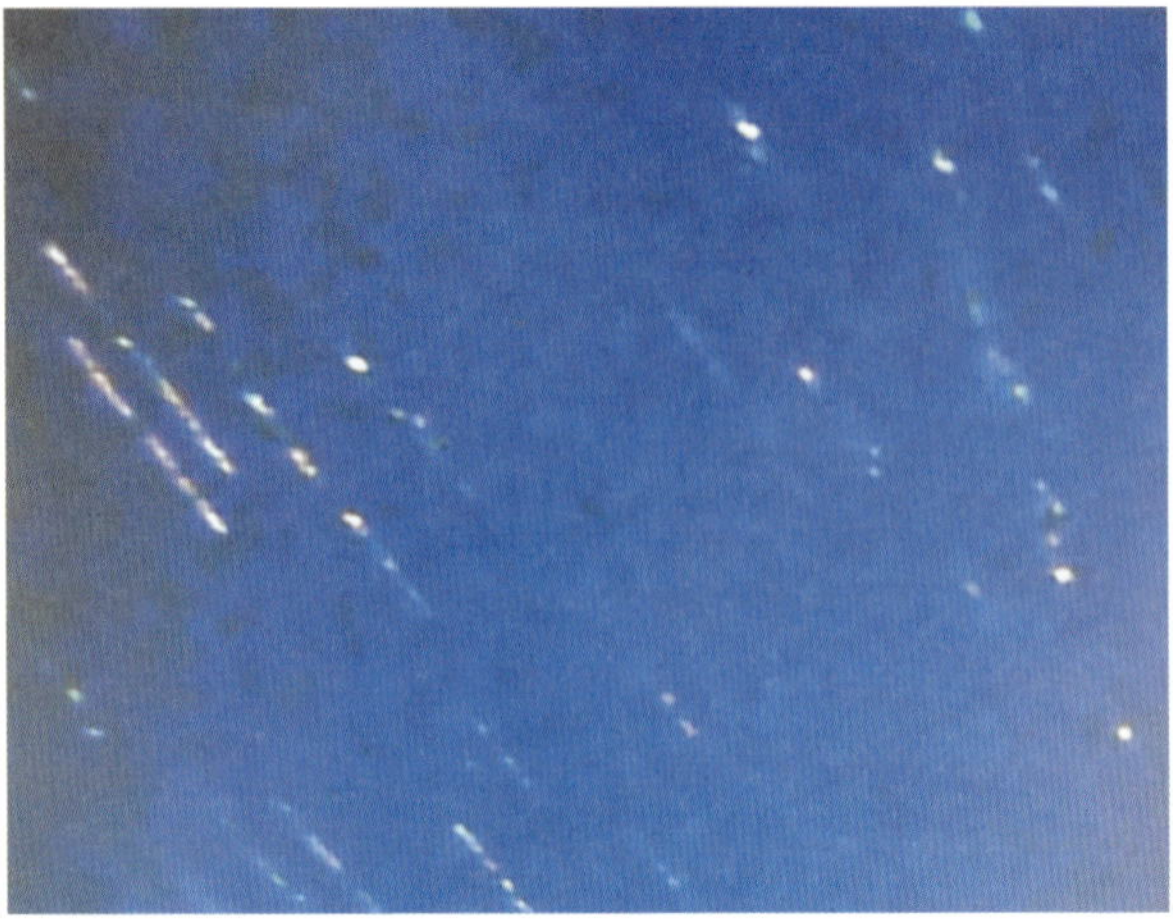

我々のボートは揺れもなく穏やかだよ。

平成22年1月28日

青天の霹靂《へきれき》を何度も経験することになる。それはおおむねこういうことだろう。UFO体験であり、我々との出会いである。これだけの予備知識を伝えておけば、その経験はあなたにとって青天の霹靂という言葉は当てはまらないであろう。

平成22年3月8日

こぼれるように、宇宙のエネルギーが注いでいる。確実に等しく。しかし、吸収の度合いがそれぞれであるから、等しく思えない者もいる。できるだけ意識して多くのエネルギーを受け取りなさい。

平成22年3月13日

コードネームは開かれた者にしかない。コードネームは未知なる世界の住人につけられている。我々のコードネームを伝えよう。聖なる星M7、未知なる星Q8、総合の星W9、地球の名はY、W。身近な記憶だ。

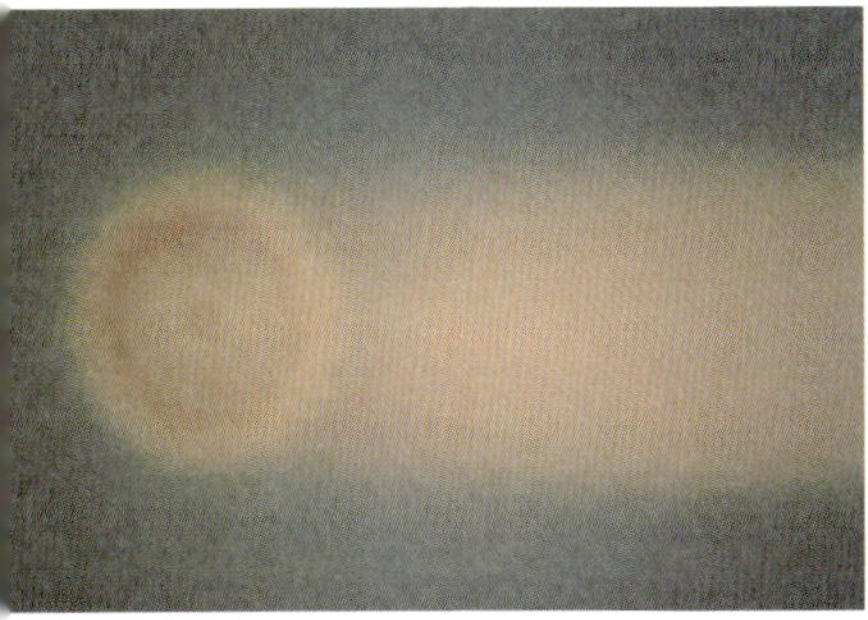

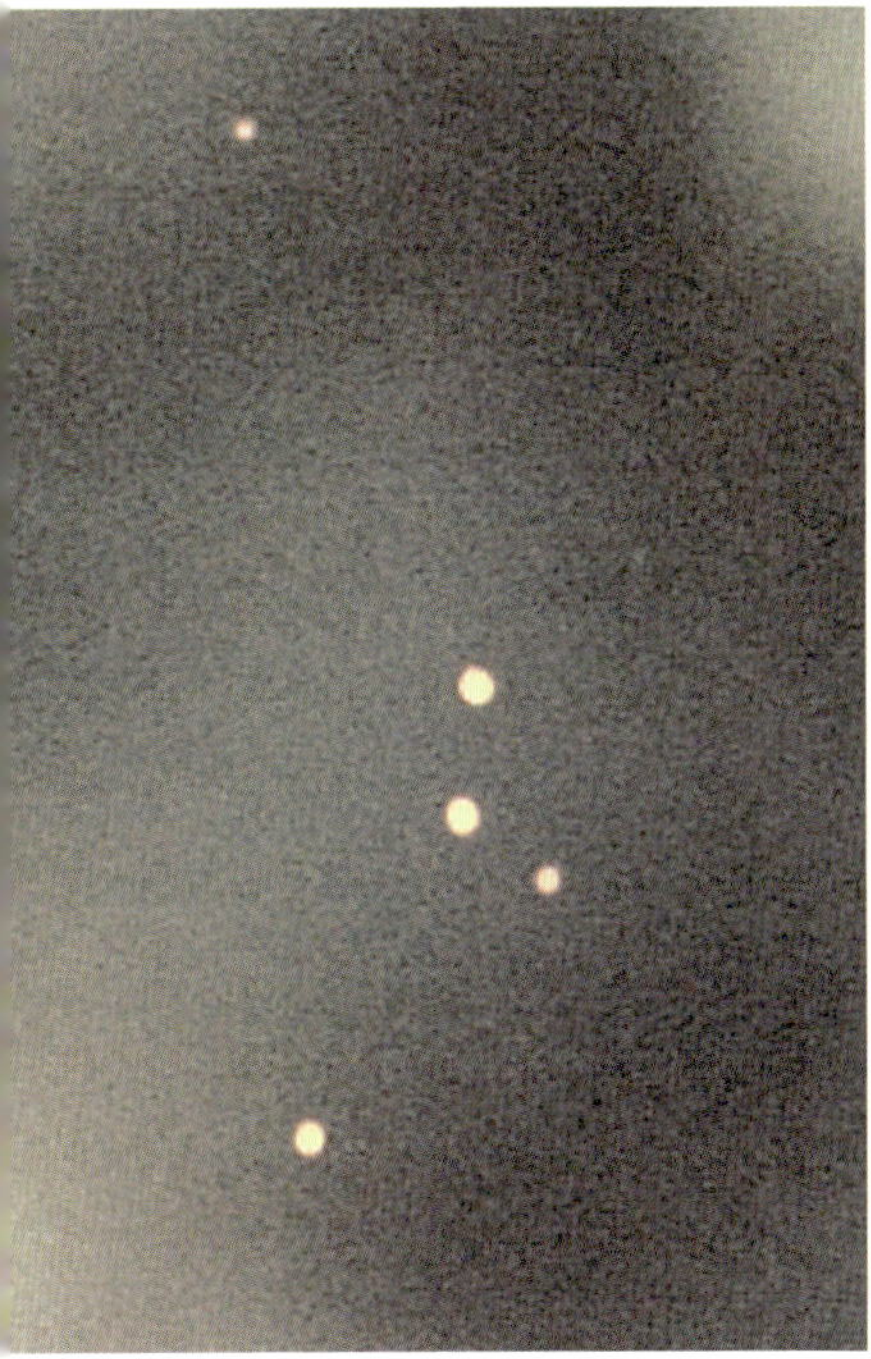

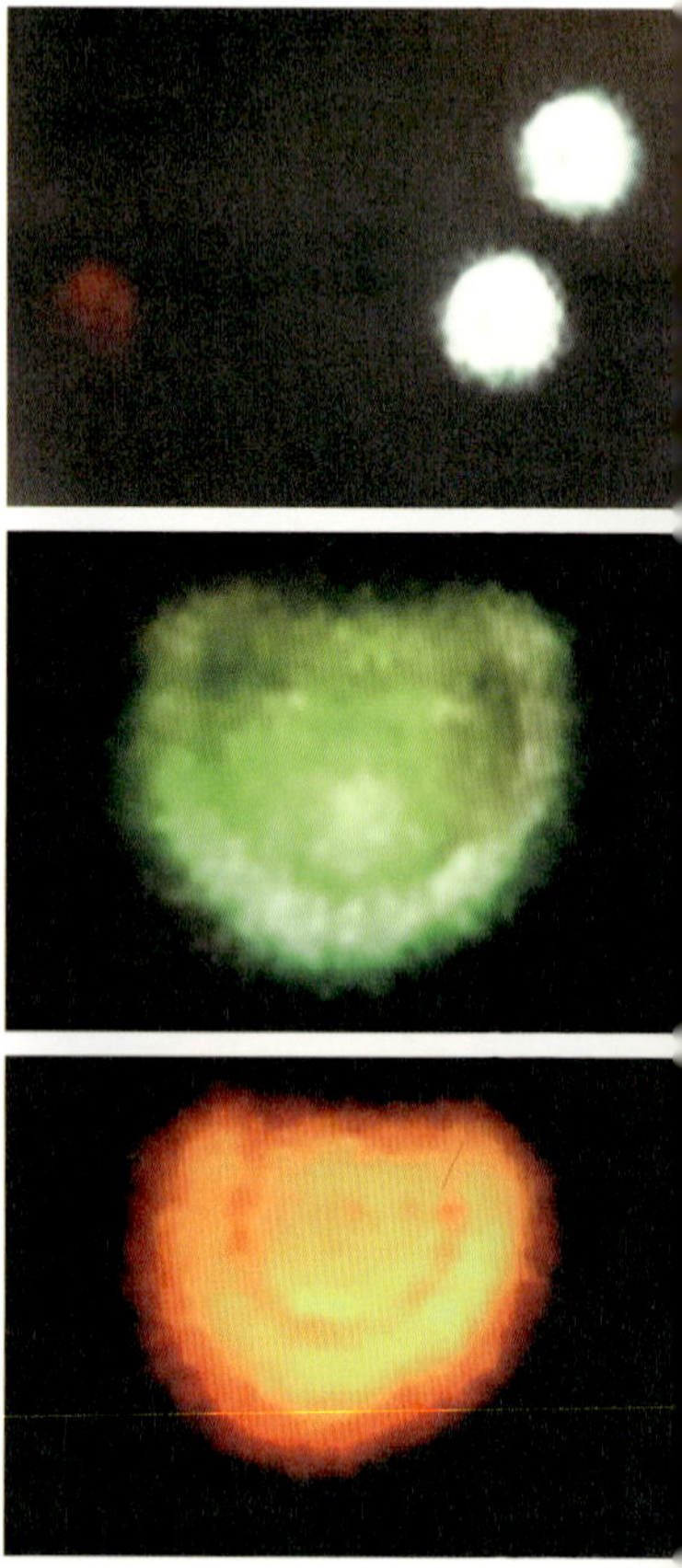

平成22年3月14日

小宇宙のうわ言を聞いたとしても、大宇宙はなんの動揺もしない。小宇宙が小さな存在だからというわけではない。大宇宙の器になにもなかったように呑み込まれてしまうからである。小宇宙が消えてしまうことではない。大きな懐に抱かれたといった表現がいいだろう。

平成23年3月28日

宇宙の存在が見守るなか、前に進んでいる。何回かの天変地異でもっと進んでいく

であろう。これからの天変地異の成り行きをわかって見ていきなさい。神とともに歩んでいることを知りなさい

平成24年1月14日

上下、左右、すべては宇宙中心にある。あなたも、あなたもその軸の一つであることを意識しなさい。これからは中心であることを意識しなさい。そうすれば、すべてが中心を軸にして回りはじめることがわかるでしょう。

平成24年1月19日

喜びに満ちた人生を送るといい。人類が大いなる変革をするときが来た。するときが来た。するときが来た。それを知ればもう無駄な動きをしないだろう。

平成24年1月29日

ＵＦＯの事実は否定できないな。

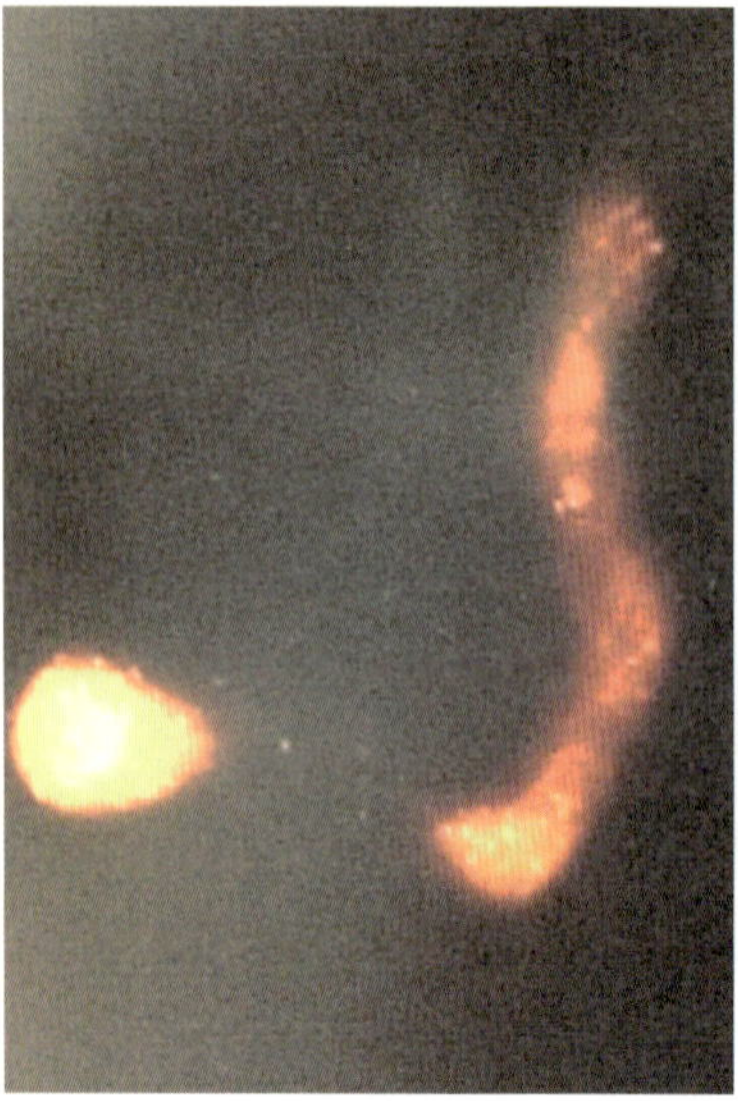

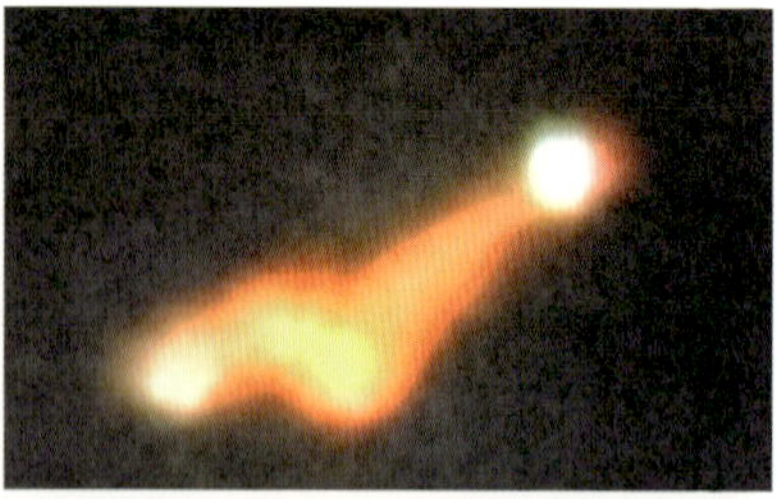

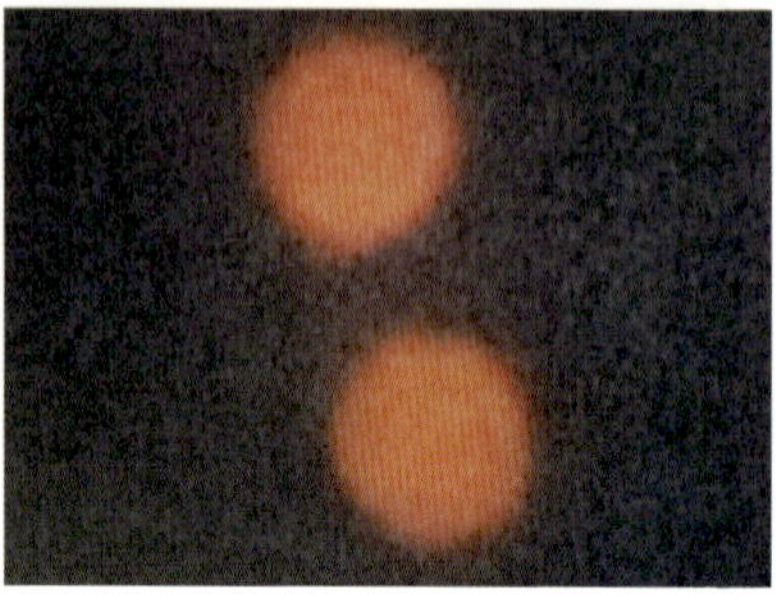

平成24年2月6日
揺れ動く天地のあいだをせわしく動く宇宙人たちよ。地球の意識調査をしなさい。それから宇宙の意識をインプットしなさい。それが次元アセンションの基盤となる。

平成24年2月6日
先ほどの宇宙人の話だが、あなたたちはまだ理解していないようだね。そのうち知らせてくるだろう。知らされれば急激に意識は変化するだろう。

平成24年2月11日
コードネームを覚えておきなさい。

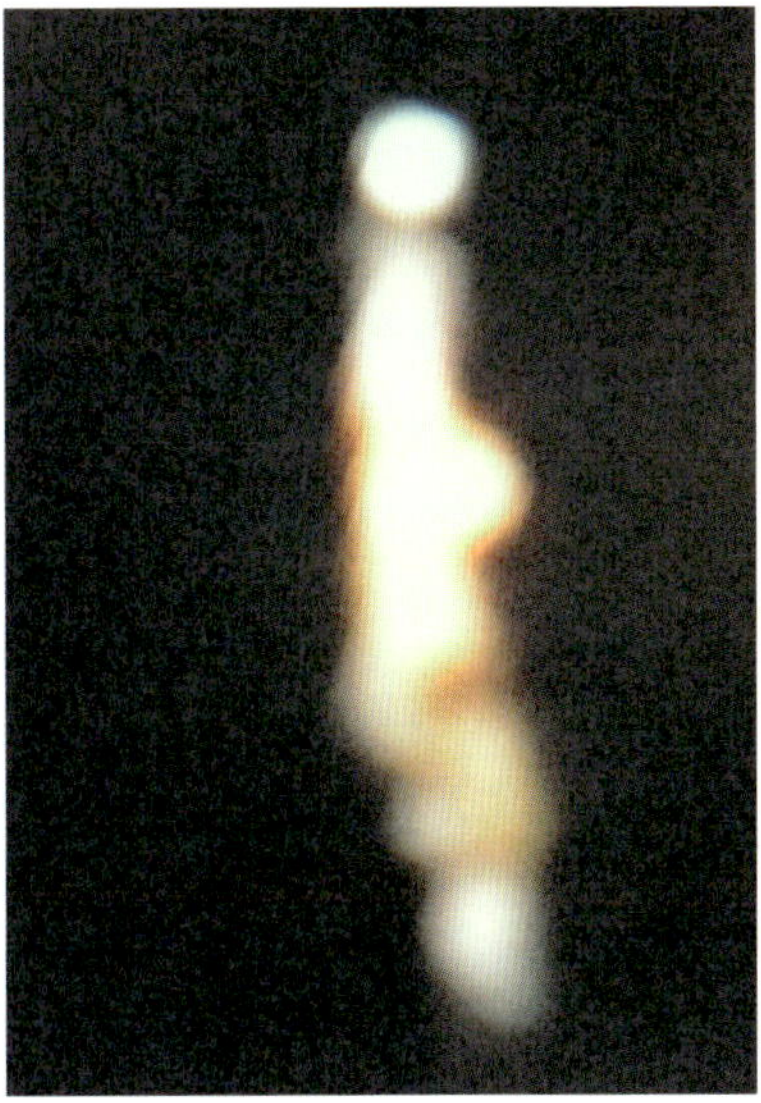

平成24年2月19日

盛んにUFOを撮っているね。人、それぞれの役目がある。バラバラでも役目でも目的は一つなのだよ。

平成24年3月5日

無限の神秘性を含んでいるUFOがあらわれたということは信じがたい人が多いでしょう。神秘性を「知らない世界」ととってください。そうすれば有限の世界でも信じられるものとなります。

平成24年3月10日

あなたの思いが通じる日（宇宙人に会うこと）は必ずくる。時間のズレがあったとしても、約束を破ることはない。

平成24年3月21日　M7星人より
緊急の内容だ。UFOウォッチングもいいが、人間にとってこの内容は理解しがたいかもしれない。できるだけ悲しむ人間を少なくしたい。これが我々M7の思いだ。もしもだが、水路に防ぎがたいものが混入したとき、誰がそれを阻止することができるか。リトマス試験紙でチェックしなさい。

平成24年5月2日　M7星人より
雅《みやび》やかな世界をどのようにクリヤーするのかということは、人間世界においては簡単かもしれない。雅やかな世界はあなたたちにとっては、必要ではないことはわかっている。なぜなら、全く興味がない。しかし、宇宙に雅やかさは人間世界のとは比べようもないくらいだぞ。本来の宇宙の雅やかさが、早く見れるようになるといい。

平成24年5月11日

我々（宇宙人のこと）は誓う。多くの民を助けるには我々の力が必要である。あなたはそれを知るためにメッセージを受けているではないか。視覚の範囲は我々には及ばない。次元を超える視覚が必要になってくる。

平成24年5月14日

遠い山からこだまする声は「オーム」である。これは宇宙からの声でもある。今このときに、この声を聞くものは聞くべき者たちである。聞く者たちの魂が開かれる。
（オームとは魂のレベル、三次元コザール界のこと）

平成24年5月21日

有の世界と無の世界、五次元世界に導入せし者の体である。

平成24年8月10日　M7星人より

世界のUFOたちが念願のチームを結成した。できるだけ多くの人間達にUFOの存在を知らせるために結成したチームである。

平成24年11月17日　妙義にて

煌《きらめ》くUFOのように貴方も輝いてごらん。輝く人はどんな場所に居ても見つけることができる。UFOの輝きで経験しただろう。

日本の前途は少し曇り日よりかな。日本のオーラを突き抜けたところに五次元の世界がある。突き抜けさせるのは、あなたたちの前向きなオーラである。

ひょんなところでワープするだろう。誰もが信じがたい内容かもしれない。そう、まず、貴女が信じていない。信じることが大切だよ。

おわりに

本書を最後までお読みいただき、ありがとうございます。

ご紹介したメッセージのなかに、「早く多くの人に知らせるのだ」という言葉がありましたが、発表するかどうか悩んでいたとき、応援してくださる人があらわれました。本章のメッセージをパソコンに入力し、ブログも作成してくださった和田敏秀さんです。

和田さんは、WWS治療の創始者で、現在、自然界からの指導ですばらしい治療をしていらっしゃいます。

和田さんのおかげで、本書もこうして刊行できました。この場を借りて厚くお礼申しあげます。

最後に、UFO写真にはエネルギーがありますので、ぜひ感じてみてください。また、ユニークなUFOに名前をつけて、ぜひ楽しんでみてください。

また、ブログ「WWS神からのメッセージ」もあわせてお楽しみください。

山口 洋子（やまぐち ようこ）

1944年香川県生まれ、神戸育ち。
人の体の悪いところがグレーから黒い点になって見えるようになったことから、治療の仕事をするようになる。リフレクソロジー、ボディーエステ、バリーエステ、整体などを経て、現在はＷＷＳ治療（波動テクニック）をおこなっている。

えっ!! こんなメッセージとＵＦＯみたことなぁぁい

2014年８月28日 初版第１刷発行

著　者 山口 洋子
発行者 韮澤 潤一郎
発行所 株式会社 たま出版
〒160-0004 東京都新宿区四谷4-28-20
☎ 03-5369-3051（代表）
http://tamabook.com
振替 00130-5-94804
印刷所 株式会社エーヴィスシステムズ

ISBN978-4-8127-0370-0